LES RAVAGES DU GENRE

PAULINE ARRIGHI

LES RAVAGES DU GENRE

Femme et homme ne sont pas des identités

LES ÉDITIONS DU CERF

www.editionsducerf.fr
24, rue des Tanneries
75013 Paris

ISBN 978-2-204-15655-4

Introduction

Il y a 180 millions d'années est apparu le chromosome Y. De là cette division sexuée qui permet la procréation, cette différence entre hommes et femmes spectaculaire, vertigineuse, fondatrice. Non seulement cette division sexuée est, sauf exception, clairement visible dès la naissance, mais elle a servi de socle à la plus ancienne et la plus universelle des organisations sociales : la domination des hommes sur les femmes. L'existence de moins de 2 % de personnes intersexes n'a jamais empêché la division sociale en deux classes de sexe, dans le monde entier, et l'exception n'invalide pas la loi générale.

Quand les Romains appliquaient les lois issues des Douze tables, lesquelles prévoyaient que les femmes restent sous tutelle à vie, « en raison de leur légèreté d'esprit », ils n'avaient aucun doute sur qui était concerné : les femmes, êtres humains femelles. Et quand le Code civil de 1804 mentionnait : « La femme et ses entrailles sont la propriété de l'homme », personne en France n'avait de doute sur ce qu'était une femme – et certainement pas les hommes. La simplicité et l'évidence de la dualité entre les sexes faisaient consensus depuis les temps les plus anciens, et pourtant, depuis quelques décennies seulement, un autre discours s'est imposé.

Selon le courant féministe matérialiste – mais aussi selon tout le monde, jusqu'à une date récente –, les femmes sont des êtres humains femelles qui produisent des gamètes ronds et peu mobiles (les ovules). Les hommes, quant à eux, produisent des gamètes plus petits et mobiles (les spermatozoïdes). Il n'existe pas d'alternative, et aucun être humain n'est capable de produire les deux. Les diverses caractéristiques physiques liées à la procréation correspondent au sexe biologique, notion distincte de celle de « genre », qui désigne la construction sociale qui organise l'humanité en dominants et dominées selon le critère du sexe.

Aujourd'hui encore, dans tous les pays du monde à des degrés divers, l'exploitation des femmes est intrinsèquement liée à leur biologie. Dans nos sociétés, les petites filles sont éduquées différemment des petits garçons ; en raison de leur sexe de fille. Les femmes sont souvent dévalorisées sur le plan professionnel et réduites à un statut d'objet sexuel ; en raison de leur sexe de femme. Ainsi, le courant féministe dit « matérialiste » s'attache à observer une réalité biologique et la réalité sociale et économique qui découle de cette différence des rôles dans la procréation. Cette asymétrie entre hommes et femmes n'est ni une bonne, ni une mauvaise chose. Elle n'est défavorable, voire fatale aux femmes qu'en raison de l'organisation sociale découlant d'une différence première.

Notre société genrée est injuste, la biologie est ce qu'elle est.

En une dizaine d'années seulement, le fait de mentionner une réalité aussi fondamentale que la division de l'espèce humaine entre hommes et femmes est devenue « offensant » et a même été qualifié de « discours de haine » et passible de poursuites judiciaires dans les pays anglo-saxons. Ce qui constitue le socle de nos sociétés est devenu tabou. Chacun de nous doit accepter les nouvelles définitions des mots « homme » et « femme » pour le confort d'une minorité convaincue qu'il existe une « identité de genre ». Et tant pis si cette notion n'a pas le moindre fondement scientifique et si elle n'a jamais été débattue publiquement : elle n'est que le fruit de l'imagination de certains et a été imposée à l'ensemble de la société. Si la notion d'« identité de genre » n'est jamais débattue, c'est parce que ses partisans ont réussi à faire croire deux choses : qu'elle était inoffensive, et qu'elle était progressiste. Je montrerai qu'en plus d'être infondée, elle est dangereuse, ainsi que rétrograde sous plusieurs aspects.

Ainsi, de nos jours, est une femme toute personne qui « se sent femme ». Qu'est-ce que cela peut bien signifier ? Existerait-il une sensibilité intrinsèquement féminine ou masculine qui ferait la réalité de la femme ou de l'homme ? Avec la croyance en une âme féminine qui peut habiter un corps d'homme, ou l'inverse, toute personne qui ne correspond pas exactement à la définition de la féminité ou de la masculinité, en bref qui n'adhère pas aux stéréotypes liés à son sexe, peut se voir suggérer qu'il ou elle est transgenre. Désigner quelqu'un comme étant « né dans le mauvais corps » ou parler d'« une fille coincée dans un corps de garçon », semble désormais relever du bon sens et fournit une explication toute trouvée à une variété de situations de mal-être pour nombre d'adolescents et surtout d'adolescentes.

En une décennie seulement, le nombre d'enfants et de jeunes mineurs qui ont demandé une transition de genre a été multiplié par 10 en France et par 40 au Royaume-Uni. Alors que la population transgenre était jusqu'alors principalement composée de jeunes hommes, elle compte à présent près de trois quarts de femmes. Ce bouleversement n'est quasiment jamais interrogé. De nombreux médias diffusent les récits de personnes – adultes mais aussi mineures – qui auraient résolu toutes leurs difficultés en « changeant de genre », avec des opérations mutilantes et des traitements hormonaux aux effets irréversibles. Si le nombre de personnes transgenres reste faible, il explose véritablement chez les jeunes, et la banalisation du discours qui encourage à la transition sociale et médicale ne doit pas nous laisser indifférents. Le changement de genre est-il toujours la solution pour ces jeunes ? Un enfant peut-il vraiment être trans ? Dans la majorité des cas, ce qu'on appelle « enfant ou adolescent transgenre » est une jeune personne atteinte de difficultés psycho-sociales qui sont balayés d'un revers de main au profit d'une illusoire « affirmation de genre ».

Il est difficile de remettre en cause publiquement l'engouement pour le transgenrisme. Médecins, journalistes, personnes qui se croyaient transgenres et qui regrettent leur transition : toutes et tous ont été taxés de « transphobie », de « fascisme », on leur rabattra le caquet en assénant que « la transphobie tue » et qu'un simple questionnement « incite les jeunes au suicide ». Tout débat est empêché par du chantage affectif, mais aussi par l'intimidation. La célèbre romancière Joanne K. Rowling a vu l'adresse de son domicile publiée en ligne avec un mode d'emploi pour fabriquer une bombe. L'activiste Marguerite Stern, créatrice des collages contre les féminicides que l'on a vu s'afficher sur les murs du monde entier, a été obligée de déménager pour fuir, elle aussi, la violence des défenseurs des droits des trans. Elles et d'autres ne s'étaient rendues coupables que d'un seul méfait : avoir rappelé que les femmes sont des êtres humains femelles et qu'il n'existe pas de « femmes à pénis ». La réalité biologique de la division des sexes est devenue un tabou qui justifie des appels au meurtre. Tandis que laisser des jeunes filles de 14 ans se faire couper les seins au motif qu'elles se « sentiraient garçons » est à présent synonyme de progrès et de respect des différences. La transition médicale est-elle la meilleure solution face au mal-être des jeunes qui s'identifient comme transgenres ? Le fait de les orienter vers une psychothérapie relève-t-il vraiment d'un discours de haine ? Les adultes transgenres sont-ils, comme ils le proclament, une minorité opprimée ? Est-il vrai que « la transphobie tue » ?

L'existence d'une « identité de genre » implique que dès qu'un homme dit qu'il est une femme, il doit être considéré comme tel ; la catégorie « femme » inclut potentiellement tout homme, sur simple déclaration de sa part. Alors la catégorie « femmes » n'existe plus. Or, abolir la frontière entre les sexes par simple effet discursif a des conséquences très concrètes. Est-il raisonnable de permettre à tout homme d'accéder aux douches collectives des femmes, ou à des centres d'hébergement pour femmes victimes de violences ? Dans l'univers carcéral, comment approuver les législations qui permettent à des violeurs et meurtriers de partager les cellules de femmes parfois accompagnées de jeunes enfants ? Quid des listes paritaires en politique, ou des programmes de développement qui visent spécifiquement les jeunes filles ? Ce livre refuse de céder à l'impératif d'une tolérance aveugle ou à toute forme de manipulation émotionnelle. Les faits sont là, des études ont été publiées. Certaines sont fiables, d'autres non, et font pourtant autorité. Parce qu'il touche à la santé, à la sécurité des femmes et aux principes les plus élémentaires de la liberté de débattre et de penser, ce sujet mérite d'être discuté sur des bases rationnelles.

I

Quand le genre supprime le sexe et rend la science caduque

Au début des années 1990, le mouvement « queer » est venu bouleverser notre conception du sexe biologique et de l'ordre social qui en découle. D'abord dans le milieu militant, puis à présent dans l'ensemble de la société. Selon ce mouvement, le genre n'est absolument pas lié au sexe et « homme » ou « femme » ne sont pas des réalités matérielles observables. Une personne peut avoir un corps ou un autre, elle sera homme ou femme (ou autre) en fonction de son ressenti. Si une personne déclare se sentir femme, elle est une femme. Si elle déclare se sentir homme, le même principe s'applique. L'« auto-détermination » – c'est le terme en vigueur –, est une vérité irréfutable.

Il est des contextes où, en effet, le ressenti ne peut pas être contesté. Si je ressens une douleur physique ou morale, je suis la seule à pouvoir l'affirmer, et personne ne devrait le nier. Or, être une femme n'est pas un ressenti mais une réalité biologique qui implique une multitude d'éléments fondamentaux de notre vécu, depuis la possibilité d'une grossesse jusqu'à une corpulence moindre. En outre, si je suis, par exemple, sous-payée ou harcelée sexuellement sur mon lieu de travail ou dans la rue, ce n'est pas parce que je « me sens femme », ni parce que j'ai une « identité » de femme, mais bien parce que chacun saura, en me voyant ou en lisant mon prénom, que j'ai un corps de femme. Aucun « ressenti » n'est équivalent à cette réalité. Selon la logique queer, chaque homme qui affirme avoir une « identité de genre » de femme, est une femme ; au même titre que les êtres humains femelles. Même si dans 75 % à 80 % des cas en France, les hommes trans-identifiés (qui s'auto-proclament « femme trans ») n'ont subi aucune intervention chirurgicale.

Tous les mots tracent une limite entre ce qui appartient et ce qui n'appartient pas à un concept donné. Si je parle de la démocratie, je ne parle pas de l'autocratie. Les termes concrets en particulier doivent correspondre à une distinction entre certains objets ou individus et d'autres, sur la base d'éléments observables : « cette personne n'est pas américaine : elle n'a pas de passeport américain » ; « cette personne n'est pas petite : sa taille est supérieure à la moyenne ». À quoi bon créer des mots et donc des catégories ? Simplement parce que les critères qui distinguent une catégorie d'une autre se manifestent dans le monde réel et que les mots servent à exprimer une réalité. La distinction entre hommes et femmes n'est pas futile ; dans le domaine médical notamment, le sexe est une donnée importante dans l'interprétation de symptômes, le dépistage de troubles spécifiques ou l'administration d'une posologie. Dans le domaine du sport, il est nécessaire de séparer compétiteurs et compétitrices pour prendre en compte la réalité du dimorphisme de taille et de masse musculaire.

Selon les tenants du transgenrisme, ces considérations biologiques doivent être éliminées pour laisser la place à des « identités de genre ». Et qu'importent les chromosomes ou l'apparence physique, personne ne devrait pouvoir contester cette affirmation. C'est un ressenti qui ne peut pas être défini, contrairement à une orientation sexuelle qui se manifeste par des réactions d'excitation sexuelle vis-à-vis d'un partenaire.

C'est là la première catégorie de mots à avoir une définition circulaire. Est une femme toute personne qui dit qu'elle est une femme. Sans critère observable, sans caractéristique autre que cette affirmation. L'identité de genre ne renvoie à aucun élément tangible observable dans le réel, elle ne renvoie qu'à elle-même et donc ne désigne rien. L'identité de genre se situe en dehors du tangible, du mesurable et du qualifiable, bref du réel. Elle est du domaine de la foi, qui ne s'explique pas et ne se justifie pas. Comme tout objet de croyance, elle échappe au domaine de l'expérimentation sensorielle. Elle existe, voilà tout. La méthode scientifique ne saurait l'infirmer, puisqu'elle n'appartient pas au monde des mesures et des observations.

Le Center for Transyouth Health and Development (Centre de santé et développement pour jeunes trans), de l'hôpital pour enfants de Los Angeles présente d'ailleurs ainsi sa mission : « Accompagner les adolescents et leur famille sur leur chemin de genre, les aider à franchir les obstacles institutionnels pour atteindre leur moi authentique (*their authentic selves*). » Cet hôpital semble offrir un parcours initiatique qui aboutit par la révélation d'une vérité qui était cachée au fond de soi. Il s'agit manifestement plus de spiritualité que de science.

UN « VRAI MOI » DISTINCT DE LA RÉALITÉ DU CORPS

L'identité de genre est donc un moi authentique qui n'a aucun lien avec l'enveloppe charnelle. « Les gens regardent l'apparence physique mais le Seigneur regarde le cœur. Ma fille est une fille dans son cœur. Elle le sait, Dieu le sait, et cela me suffit », dit une mère d'enfant trans qui se définit comme « chrétienne conservatrice », et en effet, l'idée est loin d'être neuve. Nous sommes face à un retour en arrière intellectuel, un bond dans le passé à rebours de la modernité. L'identité de genre est d'un certain point de vue la descendante en ligne directe du « destin » des Grecs et de l'âme chrétienne. Dans la Grèce antique, on n'échappe pas à son destin. On peut consulter l'oracle pour le connaître, mais celui-ci s'impose à nous. Lorsque Laoïs et Jocaste, couple royal de Thèbes, consultent l'oracle de Delphes, ils apprennent que leur fils tuera son père et épousera sa mère. À la naissance de l'enfant, le couple pense pouvoir être plus malin que le destin et décide de la mort du nourrisson, qui survit et devient Œdipe. Nos actions, nos décisions, nos amours, bref tout ce qui constitue notre être, dépendent d'une volonté extérieure à nous-mêmes qu'il nous est impossible de fuir. Les êtres humains ont un moi conscient mais l'essentiel de qui ils sont leur échappe, à eux-mêmes et aux autres. Dans la conception chrétienne, l'âme est de nature spirituelle et quoique contenue dans le corps, elle en diffère radicalement. Elle survit à cette enveloppe périssable après la mort.

Élisabeth Roudinesco écrit que « le Destin est l'inconscient des Grecs ». Et cette idée que nos actions dépendent d'une force invisible contre laquelle on ne peut pas lutter est reprise de façon séculière par la psychanalyse. Notre inconscient s'impose à la conscience ; nous devons l'accepter, le reconnaître, car s'il est refoulé, il se manifestera d'une façon ou d'une autre. L'inconscient n'est pas directement observable, il n'existe que dans ses manifestations. Encore aujourd'hui, les partisans de la psychanalyse sont nombreux à être convaincus que les neurosciences ne seront jamais suffisantes pour expliquer les émotions et les comportements humains. L'identité de genre procède d'une logique analogue : imperceptible, non observable, elle s'impose à l'individu.

Si l'affirmation de soi est une tendance contemporaine, elle prend appui sur une conception du psychisme humain traditionnelle. L'identité de genre se distingue toutefois en ce qu'elle ne se réclame pas d'une instance spirituelle supérieure. Je suis seule à savoir quelle est mon identité, sans avoir besoin de me référer a un modèle préexistant. Si je décrète qu'il en est ainsi, mon identité de genre peut même être fluctuante au cours d'une même journée. Dans un hyper-individualisme très conforme à l'esprit du temps, chaque personne peut affirmer qui elle est, au mépris de l'observation objective et de la science.

Les racines intellectuelles du mouvement queer

La pensée queer vient de loin. Philosophiquement, elle se rattache à une tradition ancienne marquée par l'héritage du dualisme. Contre la conception matérialiste, c'est dans l'opposition entre le corps et l'âme que ce mouvement plonge ses racines, dichotomie en vertu de laquelle la personne humaine ne serait pas réductible aux molécules et atomes qui la composent. Cette vision demeure aujourd'hui encore bien ancrée – outre les religions, on peut encore citer la psychanalyse, l'ésotérisme et même l'idée d'identité de genre parmi ses avatars. Considérer à l'inverse que l'esprit peut être le simple résultat de l'activité des neurones et de diverses molécules et courant électriques paraît surprenant, c'est ce que le prix Nobel de biologie Francis Crick appelle « l'hypothèse stupéfiante ». L'héritage dualiste se prolonge jusqu'à la philosophie post-moderne dont l'un des traits les plus caractéristiques est la méfiance vis-à-vis de la notion de rationalité. Le post-modernisme émerge pour partie dans le contexte de la décolonisation et, dans sa contestation de l'impérialisme, procède à une association, sur le plan doctrinal, entre l'ordre colonial blanc d'une part et, de l'autre, les règles de la connaissance objective telles qu'elles ont été conçues par la science européenne – omettant, au passage, de considérer l'apport des philosophes et savants d'Afrique subsaharienne et du monde arabe. Dans l'interprétation qui est faite d'un corpus aussi élargi que celui rassemblé sous l'étiquette de « post-moderne », renverser la domination blanche semble de plus en plus passer par le fait d'abattre la suprématie de la rationalité en tant que telle. Une connaissance qui procède de l'expérience personnelle aura tout autant de valeur que celle qui procède de la méthode scientifique. En fait, elle aura davantage de valeur : lorsqu'une personne qui appartient à un groupe socialement dominé parle de son vécu, il émet une vérité authentique. La parole des dominés doit dépasser les nomenclatures d'autrefois, et l'on remet en cause le fait de tendre vers la neutralité axiologique. Quant à la notion de vérité objective et universelle, elle est rejetée. Chaque personne a sa vérité, qui est une vérité.

Voilà le contexte intellectuel dans lequel s'inscrit le mouvement queer, lequel entreprend de transposer ces conceptions aux questions de sexe, de genre et de sexualité. Selon les queers, les catégories en usage sont oppressives, car elles découlent d'une norme. Le langage n'est que normes et pouvoir, et le pouvoir se manifeste principalement dans le langage et à travers lui. Il est oppressif de classer les individus dans des catégories de langage comme « femme », « homme », « hétérosexuel » ou « homosexuel ». Le patriarcat hétéronormatif exerce son pouvoir en décidant de ce qui est normal ou pas, et la création des mots est l'outil de la séparation entre ce qui est normal et ce qui ne l'est pas. La société a créé le mot « homosexuel » pour désigner certaines personnes comme s'écartant de la norme. Pour remettre en question la norme (la prétendue supériorité de l'hétérosexualité), il faut, et même, il suffit de bouleverser l'usage des mots. Le mouvement queer considère que la catégorisation est l'outil qui permet la légitimation d'un certain discours – dominant, en l'occurrence. Il remet en question la stabilité des catégories « homme », « femme », « hétéro » et « homo », et va jusqu'à nier leur existence. Être queer permet d'être à la fois homme et femme, ou aucun des deux, et de passer d'une catégorie à l'autre comme bon vous semble. Et cette fluidité devrait s'inscrire dans une contestation plus large de l'ordre social en tant que tel.

Autre technique empruntée au post-modernisme : le brouillage des catégories. Rien n'est figé, tout est « sur un spectre », et même la binarité de la sexuation humaine est remise en question. Or, même si le sexe était « un spectre », et ce n'est pas le cas, cela ne justifierait pas l'existence d'une identité de genre cachée au fond de notre âme. Les écrits queers sont souvent confus, voire incompréhensibles : c'est voulu. Dans son ouvrage *Queer Theory : An Introduction*, Annamarie Jagose nous éclaire sur ce point : « Ce n'est pas que la théorie queer est trop jeune, et qu'elle doit gagner en cohérence. En fait, la théorie queer elle-même implique une élasticité et une confusion quant à sa définition et ses concepts. » On ne comprend rien, cela n'a que très peu de sens, et c'est justement le principe.

S'IMPOSER AU LIEU DE CONVAINCRE

L'identité de genre s'impose aux consciences par un discours qui joue sur la confusion et le recours aux émotions. « Je crois que je suis née femme », « Ma croyance personnelle est que j'ai toujours été une femme et rien d'autre qu'une femme » : sur sa chaîne YouTube Caroland, l'actrice transgenre américaine Carolina Gutierrez répète 18 fois cette affirmation dans une vidéo de 14 minutes – dont 3 sont consacrées au produit de son sponsor, un épilateur électrique. On ne saurait trop insister sur le caractère parareligieux de ce type de registre relevant de l'incantation. Dans un documentaire diffusé sur M6, un jeune homme trans-identifié décrit « une erreur de la nature, une erreur d'injection d'âme [1] ». Et ce discours passe très bien auprès du grand public.

« Les femmes trans sont des femmes. » C'est ce qu'on lit en réponse à toute remise en cause de l'idéologie du genre. La formule est bien trouvée, et quoique relevant de la pure tautologie, elle sert d'axiome de base. C'est l'équivalent, en logique, de A = A. Or, l'expression « femme trans » désigne les hommes qui s'identifient comme femmes. En s'appelant « femme trans », ils imposent l'idée qu'ils sont des femmes, au même titre que les « femmes noires » ou les « femmes blondes ». Une femme peut être grande, petite, mince ou trans.

Avec la formulation « femme trans », où « trans » est une épithète du mot « femme », les hommes transidentifiés et leurs alliés imposent dans le langage, et donc dans la pensée, que l'identité de genre est réelle et suffit à rendre un homme « femme ». Sur cette base, les transactivistes reprochent aux féministes de rejeter certaines femmes, ce qui évidemment, dit comme ça, est un comble. Parce qu'elle appartient à un vocabulaire militant tentant de naturaliser un point de vue particulier, je n'emploierai pas l'expression « femme trans » ici.

Pour s'imposer dans les esprits et les pratiques, le discours sur la transidentité utilise un procédé emprunté à la philosophie post-moderne – que l'on doit notamment à Foucault –, selon lequel tout énoncé est l'émanation de ma position sur l'échiquier du pouvoir. En résumé, une femme noire parle en tant que femme noire et a un « discours de femme noire ». D'où l'idée qu'un désaccord provenant d'une personne blanche serait intrinsèquement raciste, puisque les personnes blanches dominent structurellement et historiquement les personnes noires. Comme mon discours est une émanation de qui je suis, montrer un désaccord ou simplement émettre des doutes équivaut à une attaque personnelle. Si chaque personne s'identifie à ses idées, il lui sera alors très difficile d'avoir la moindre souplesse d'esprit, sans parler de prise de recul et de remise en question. En outre, le débat d'idées est forcément une confrontation non pas entre points de vue mais entre personnes. Une tendance que l'on retrouve dans la phraséologie singulière employée par les personnes trans-identifiées lorsqu'elles sont soumises à la contradiction : « Vous voulez qu'on cesse d'exister » ; « Vous niez notre existence ». La logique est la même lorsque l'association Contact France, habilitée aux interventions en milieu scolaire, publie cette citation sur son site : « La femme qui se cachait au fond de moi devait vivre (...), nous revendiquons simplement le droit d'exister. »

Les adolescents et jeunes adultes, plus enclins à être instables et vulnérables, s'accordent le droit de se protéger de discours qu'ils jugent « oppressifs ». Se protéger peut prendre la forme d'une fuite dans un « espace cocooning » aussi appelé « *safe space* » qu'ils auront mis en place dans leur université. Lors d'une enquête auprès de 200 étudiants en psychologie, âgés de 21 ans ou moins, de la San Diego State University, il est ressorti que les trois quarts d'entre eux sont d'accord avec l'énoncé suivant : si un intervenant extérieur au campus émet un discours avec lequel beaucoup d'étudiants sont en désaccord, ces étudiants devraient pouvoir trouver refuge dans un « *safe space* ». Pour 86 % de ces jeunes, il est de la responsabilité de l'université de mettre en place ce lieu de repli. Cette impossibilité de dialoguer aboutit inévitablement, hélas, à du harcèlement et d'autres formes de violence. Faute de discours rationnel, donc faute de pouvoir convaincre, on réduit au silence.

Dans la suite logique de l'affirmation adressée à leurs contradicteurs (« vous niez notre existence »), les transactivistes brandissent un argument qui paralyse le discours. Selon eux, les personnes trans-identifiées qui voient leur identité de genre niée, par un simple rappel de la réalité de leur sexe biologique, sont tellement blessées par ces remises en cause qu'elles en viennent à se suicider. Au contraire, respecter l'identité de genre auto-proclamée sauverait des vies. Or cette assertion mérite que l'on se penche sur des données factuelles, avant d'éventuellement céder au sentiment de culpabilité qu'elle cherche à nous infliger. Le transgenrisme refuse de s'expliquer et d'être expliqué par autrui. Personne ne doit comprendre, tout le monde doit accepter. C'est ce qu'affirme par exemple l'écrivaine transgenre Shon Faye : « C'est un phénomène qui existe, pourquoi se préoccuper de la cause[2] ? » Pour elle, ces questionnements ne font que distraire l'attention vis-à-vis des terribles discriminations subies par les personnes trans, et d'ailleurs « alimentent les discriminations ». Plus grave, dans le documentaire *Petite fille* co-produit par Arte[3], c'est une psychiatre qui semble avoir abandonné toute exigence scientifique : « Il ne faut pas se poser la question pourquoi, simplement prendre acte de ce qui est » ; « Le pourquoi, on ne le connaît pas. Les choses sont comme ça. » Le corps médical ne semble manifester aucune volonté de trouver des explications au phénomène, et préfère s'en remettre à la croyance. Certaines médecins, psychologues, chercheuses, militantes et journalistes ne sont pas satisfaites de cette absence voulue de discussion et choisissent d'user de rationalité.

Identité de genre : l'apparition d'une notion

Avant 2013, le « trouble de l'identité de genre » était décrit dans le *DSM-IV*, le manuel de référence en psychiatrie, comme un inconfort sévère et persistant à propos du sexe biologique. Ce trouble commence à se manifester dans l'enfance, entre 2 et 4 ans le plus souvent, et devient plus intense à l'adolescence. Très rare, il touche une naissance sur 10 000 environ, et quasi exclusivement des petits garçons. Avant 2012, aucune fille atteinte de ce trouble n'a été mentionnée dans la littérature scientifique. En 2013, la nouvelle édition du manuel, le *DSM-V*, ne parle plus de « trouble » mais de « dysphorie de genre » qui se définit comme suit : « Incongruence marquée entre le sexe de naissance et le ressenti de l'identité de genre », laquelle entraîne une souffrance chez le sujet.

Le psychiatre Alexander Korte, du CHU de Munich, attire l'attention sur le fait que l'« incongruence de genre » inclut beaucoup plus de critères. Chez les enfants, cela inclut : « Une forte préférence pour les camarades de l'autre sexe et une forte préférence pour les jouets, les jeux et les activités typiques de l'autre sexe. » Chez les adolescents et adultes, l'« incongruence de genre » inclut : « Un fort désir d'être traité comme un autre genre » ; « Une forte conviction de ressentir et de réagir de façon typique comme le ferait l'autre sexe » ; « Un fort désir de se débarrasser de (ou pour le jeune adolescent, de prévenir le développement de) leurs caractéristiques sexuelles primaires et/ou secondaires. » Alexander Korte ne nous surprend pas lorsqu'il déclare : « Concrètement, ce changement de définition a entraîné une inflation de diagnostics. » D'autant que la définition de l'« identité de genre » reste sibylline, pour ne pas dire cryptique.

Les Principes de Jogjakarta, qui font autorité à travers le monde depuis la Conférence internationale de 2006, considèrent dans leur préambule l'identité de genre « comme faisant référence à l'expérience intime et personnelle du sexe faite par chacun, qu'elle corresponde ou non au sexe assigné à la naissance ». Le Conseil de l'Europe définit pour sa part l'identité de genre comme « l'expérience du genre ressenti en soi et de façon individuelle ». Au Canada, le gouvernement fédéral fait état du « sentiment personnel d'être un homme, une femme, les deux, aucun des deux, ou de se situer quelque part sur le spectre du genre ». Dès lors, la notion d'identité de genre ne peut que nous plonger dans la plus grande confusion. Comment savoir si je suis une femme, si l'on me dit que mon sexe biologique n'est pas un critère assez solide pour le savoir, et si je ne peux me référer à aucun autre critère extérieur ? Qu'est-ce qui fait de moi une femme, si j'en suis une ?

Quelle pourrait être mon expérience intime d'être une femme si ce n'est tout ce qui, dans mon vécu, renvoie à mon corps de femme ou à mon expérience du sexisme – sexisme qui, par définition, a pour prétexte mon corps de femme ? Je peux témoigner d'une expérience intime de la peur ou du désir d'être enceinte ou bien des spécificités de la sexualité des femmes. Quelle expérience de la masculinité pourrais-je avoir ? Cette expérience ne serait-elle pas, tout simplement, des pulsions ou traits de caractère que notre société attribue, de façon simpliste et stéréotypée, aux hommes ?

La multiplication du nombre de cas

Avant toute chose, il est primordial de faire la différence entre, d'une part, les personnes trans adultes, et d'autre part, les enfants et adolescentes – puisqu'il s'agit surtout de jeunes filles.

Dans le premier cas de figure, ces adultes correspondent à la très petite minorité de personnes, des hommes pour la plupart, qui sont dysphoriques depuis l'enfance. Dans ces cas-là, ce que l'on appelait le « changement de sexe » était un remède à la souffrance psychique. « Dans certains cas rares, les jeunes ont de vraies problématiques identitaires et la transition peut être une solution », dit la psychiatre Anne Perret. La médecin, qui a une expérience clinique de la demande de transition, a rejoint l'« Observatoire Petite sirène », observatoire des discours idéologiques sur l'enfant et l'adolescent, dont la devise est le célèbre et si pertinent aujourd'hui « *sapere aude* » : ose savoir.

Parallèlement à ce phénomène, le nombre de demandes de transition par des adolescentes, surtout, a crû massivement à partir de 2010. « Selon les pays, sur une période de dix à quinze ans, le diagnostic de "dysphorie de genre" (...) a augmenté de 1 000 % à 4 000 % », résument Caroline Eliacheff et Céline

Masson[4]. En France, la Caisse nationale d'assurance maladie fait état d'un nombre limité de cas en valeur absolue : « 9 000 personnes sont concernées en 2020 dont 3 300 admises dans l'année », mais elle note une multiplication par dix des cas enregistrés entre 2013 et 2020 ; 70 % des personnes diagnostiquées sont âgées de 18 à 35 ans.

À Londres, la clinique du genre pour enfants de Tavistock a observé une augmentation du nombre de ses patients de 400 % en quatre ans. En 10 ans, le nombre d'adolescents transgenres a été multiplié 40 aux États-Unis, par 20 au Canada, par 21 en Irlande, par 15 en Suède. Pour ce qui est de la répartition selon le sexe, le nombre de jeunes filles mineures suivies par le England's Gender Identity Development Service (GIDS) était de 40 en 2010. En 2018, leur nombre était de plus de 1 800 (un facteur de 1 à 45), tandis que le nombre de garçons est passé de 56 à 713 (de 1 à 13). Au CHU de Munich, Alexander Korte parle d'un garçon pour 8 filles. En France, conformément à cette tendance, nous sommes passés d'une population réduite de petits garçons à une multiplication de cas qui concernent à présent trois quarts d'adolescentes. C'est un changement majeur, c'est pourquoi il n'est pas raisonnable de refuser de se pencher sur les causes de ce bouleversement.

C'est cette transformation dans la nature du phénomène qui doit attirer notre attention. L'ouvrage *Dommages irréversibles* d'Abigail Shrier[5] se concentre justement sur la population féminine adolescente. Contrairement à elles, les adultes transgenres ont toujours intimement su que leur corps était « un mensonge », d'aussi loin qu'ils se souviennent. « Leur dysphorie ne les a jamais rendus populaires, bien au contraire. Ils ont grandi sans connaître d'autre personne transgenre, et ils n'avaient pas Internet pour leur apporter un mentor. D'ailleurs, ils n'en voulaient pas et n'en avaient pas besoin : ils savaient comment ils se sentaient (...), ils ne veulent pas faire les grands titres, seulement passer inaperçu en tant que membre du sexe opposé. »

La dernière décennie fut celle d'un changement radical dans le phénomène transgenre. Selon l'hypothèse défendue par les transactivistes, la dysphorie de genre a toujours été répandue, mais ce n'est que depuis une date récente que les personnes transgenres peuvent mettre des mots sur leur situation et en faire état publiquement.

En ce qui me concerne, je défends une autre thèse. Elle n'est pas originale, elle ne m'appartient pas, cette idée est défendue par une partie du milieu féministe et des voix issues du milieu médical ou parmi les psychologues qui prennent ce public en charge : la dysphorie de genre recouvre en fait, dans la majorité des cas, d'autres réalités. S'auto-définir comme transgenre est une réponse rapide à des problématiques complexes.

II

Jeunes trans, la transition comme refuge

Le retour en force des stéréotypes sexistes

Que disent les principales intéressées, notamment les jeunes personnes transgenres qui exposent leur parcours sur les réseaux sociaux ? En réponse aux internautes qui leur posaient la question, pratiquement tous les influenceurs transgenres ont publié une vidéo pour expliquer comment ils avaient su qu'ils étaient trans. Tous et toutes s'accordent à dire que leur témoignage est personnel, et qu'ils ne s'avancent pas à donner une réponse définitive et universellement valable. Tout en apportant quelques éléments, ils maintiennent un certain flou. Certaines phrases reviennent presque systématiquement : « Vous seuls êtes à même de savoir, la réponse est en vous », ou encore « il y a autant de parcours de transition qu'il y a de personnes trans, votre parcours peut être radicalement différent du mien ».

On peut comparer ces vidéos à celles, très nombreuses sur YouTube, qui apportent des éléments de réponse à des questions comme « comment savoir si je suis HPI/HPE/zèbre » et qui fournissent une liste de critères. Vous regardez la vidéo et vous cochez certaines cases. Quoique les contenus soient similaires dans l'approche, les vidéastes préviennent en général du fait que cette auto-évaluation en ligne n'équivaut pas à un test officiel encadré par une personne compétente, et eux ne diront pas à celui qui les écoute : « Vous êtes la seule personne à même de vous dire HPI. » Malgré cette prétention à la non-universalité, on observe plusieurs éléments qui reviennent souvent dans la description de la prise de conscience des personnes transgenres.

Sur sa chaîne YouTube, la jeune Bordelaise Alex*[1] lie explicitement le fait d'être trans avec une distance vis-à-vis des normes de genre : « Il faut que tu te demandes s'il y a des choses qu'une petite fille n'aurait pas faites. (...) Par exemple, moi, quand j'étais petit, je me baladais tout le temps torse nu, je détestais les maillots de bain. » De même Élie* explique qu'elle n'a jamais été une fille car : « J'étais dans le cliché du petit garçon, j'aimais les voitures et le foot. (...) J'étais le cliché du petit mec, j'avais un t-shirt blanc avec une grosse tête de tigre, j'adorais être torse nu sur la plage, le haut je ne le mettais jamais. » Or n'est-il pas normal qu'une petite fille qui n'a pas encore de seins préfère se contenter de protéger son entrejambe plutôt que d'être inutilement couverte ? Elle continue son récit en parlant des attentes très fortes qui pesaient sur elle à l'adolescence, notamment à propos de son poids, et plus généralement d'une peur de « décevoir ».

L'actrice jusqu'alors connue sous le nom d'Ellen Page, qui a notamment incarné une adolescente enceinte dans *Juno*, a annoncé le 1er décembre 2020 être un homme transgenre, et que son prénom était désormais Elliot. Elle posait en couverture du *Time Magazine* du 29 mars 2021, qui lui a accordé un article détaillé. En plus de troubles anxieux dont on ne peut bien sûr pas deviner la cause, Elliot Page décrit son malaise face à une image de la féminité qui lui a été imposée dès l'enfance, et *a contrario* la joie qui fut la sienne « à 9 ans, quand il a enfin été autorisé à porter les cheveux courts » ; elle explique : « Je me sentais comme un garçon. Je voulais être un garçon. »

Outre sa volonté d'avoir la coupe de cheveux qui leur est réservée, Elliot Page raconte que dans ses jeux d'enfants, elle incarnait des personnages masculins. Le monde imaginaire des enfants est nourri par des fictions – c'est aussi le cas des adultes. La jeune Ellen Page était fan du film *E.T. l'extraterrestre*. Elle ne s'identifiait pas au personnage de petite fille incarné par Drew Barrymore mais plutôt au garçon, Elliot, ce qui peut se comprendre : c'est lui qui a l'audace d'approcher l'extraterrestre et qui l'emmène sur son vélo, dans une scène inoubliable.

Sa prestation dans *Juno* fait d'Ellen Page une star du cinéma à l'âge de 21 ans. Cette célébrité soudaine a été un facteur d'anxiété et elle se sentait étrangère à l'univers glamour dans lequel elle devait désormais trouver sa place. Elle souffrait de devoir adopter tous les codes de la féminité jusque dans sa façon de bouger et de parler, ne se reconnaissait pas dans la personne que l'industrie du cinéma l'obligeait à être. Le caractère aliénant des stéréotypes sexistes est souvent cité comme l'une des causes d'un besoin de transition par les jeunes filles. Comme Elliott Page le décrit, il leur faut parfois devenir une autre personne, une personne qu'elles ne veulent pas être.

Notre société n'en a pas fini avec le sexisme et continue de valoriser les hommes et le masculin : au cinéma, les personnages les plus intéressants sont des garçons et des hommes, et les stars masculines jouissent d'un traitement médiatique bien plus flatteur. À titre d'exemple, on peut comparer la tolérance dont bénéficient généralement les stars masculines avec le mépris généralisé dont ont été victimes Amy Winehouse pour son addiction à l'alcool, Britney Spears pour son adultère et ses troubles psychiques, ou encore, en France, Nabilla, qu'il était de bon ton de trouver à la fois désirable et stupide. Or, qui se soucie des addictions diverses et des frasques sexuelles des icônes du rock masculines ?

Le youtubeur transgenre Alex* parle de son adoration pour Justin Bieber et demande à son public : « Quand tu vois les hommes, est-ce que tu les idolâtres ou pas ? » Le jeune homme trans « voulait le corps de Justin Bieber ». Au-delà d'éprouver un éventuel désir pour la star, Alex voulait être beau, et non pas belle. La beauté masculine n'est que rarement accompagnée d'humiliations et de rabaissement. Quand une femme est belle, on l'accusera d'être sexuellement trop active ou alors d'être idiote. Quand un homme est beau, il est simplement beau, et on lui prête volontiers d'autres qualités.

La transidentité semble se résumer à une interprétation littérale de l'expression « être un garçon manqué ». On ne peut que déplorer le sexisme inhérent aux propos de ces jeunes gens qui ont tellement intégré les stéréotypes sexistes de leur époque que, pour eux, ce sont les goûts masculins ou féminins qui font l'homme ou la femme.

Dans cette logique étriquée qui piège nombre d'adolescents vulnérables, les artistes ou autres personnalités rebelles qui ont bousculé les normes de genre voient leur démarche complètement annihilée. Selon la logique transgenre, si une femme se libère des carcans imposés à son sexe, elle est un homme. Les femmes rebelles et les hommes inventifs n'existent pas. Observer l'histoire du transgenrisme, c'est constater que cette rigidité des normes de genre a toujours fait partie de ce mouvement. Dans son ouvrage *Trans : When Ideology Meets Reality* [2], la rédactrice en chef de *The Economist* Helen Joyce revient sur les débuts de la transition médicale. Le peintre danois Einar Wegener, dit Lili Elbe, est celui qui a inspiré le roman puis le film *Danish girl* sorti en 2015. En 1930, Einar subit plusieurs interventions par le Dr Magnus Hirschfeld, fondateur de l'Institut de la science sexuelle de Berlin. Celui-ci voulait poursuivre les travaux de l'endocrinologue autrichien Eugen Steinach, qui a implanté des testicules et ovaires à des cochons d'Inde du sexe opposé, pour observer si les animaux étaient susceptibles d'adopter les comportements de l'autre sexe.

Einar Wegener a subi castration, pénectomie, implantation d'ovaires prélevés sur une jeune femme et construction d'un « conduit naturel ». Dans ses mémoires, il dit : « Je ne veux pas être artiste, je veux être une femme. » Il décrit la personnalité de Lili et Einar, les deux personnes qui vivent en lui : « Einar est ingénieux, sagace, il s'intéresse à tout – c'est un homme réfléchi et intelligent » ; « Lili est futile, superficielle, elle ne pense qu'à se choisir des robes et s'amuser... elle est inconséquente, irrationnelle, capricieuse : femme. » Il est décédé 14 mois seulement après les opérations. Plus tard, en 1979, la professeure d'éthique médicale Janice Raymond, de l'Institut de santé publique de l'Université de Boston, a mené une série d'entretiens avec 13 hommes trans-identifiés[3]. Ses conclusions vont dans le même sens : « Ils disent qu'ils se sentent de nature passive, affective, intuitive, nourricière... Très souvent, ils expriment une préférence pour les vêtements féminins et le maquillage, ou pour des occupations féminines : travail ménager, travaux de secrétariat ou d'hôtesse de l'air. » L'un d'eux confie : « J'enseignerai sans aucun doute à mes enfants que les garçons doivent être des garçons et les filles doivent être des filles. »

Pour ces personnes, de l'Einar Wegener des années 1920 aux influenceurs trans qui ont à peine vingt ans aujourd'hui, l'« identité de genre » semble correspondre à un ensemble de stéréotypes sexistes et de goûts vestimentaires. Il n'existe plus de dissidents, seulement une transidentité qui remet chaque personne dans une case qu'elle n'aurait jamais dû quitter.

D'ailleurs, dans le post « Comment savoir si on est trans » du compte Instagram *Bienveillance en spray*, l'auteur cite les critères suivants : « Sentir très fortement le poids des injonctions sociales liées au patriarcat, être profondément révulsé par le sexisme » ; « être trop renseigné sur les sujets queers et soutenir les trans en tant qu'allié ». Le féminisme ou la solidarité envers les minorités sexuelles n'est plus une sensibilité ni une conviction politique, c'est une « condition ».

L'adhésion aux stéréotypes de l'autre sexe ne suffit pas à vouloir changer de prénom ou à entamer des modifications corporelles irréversibles. Ce facteur s'ajoute à d'autres sources de mal-être, plus profondes, chez les jeunes qui entament une transition. Souvent, les adolescents qui ne se reconnaissent pas dans les attentes liées à leur sexe sont amenés à devenir, tout simplement, homosexuels ou lesbiennes. Les stéréotypes de genre sont souvent corrélés aux codes de la séduction hétérosexuelle. En parallèle avec une crispation autour de la définition d'une « vraie femme » qui doit être « féminine », le nombre croissant de demandes de transitions de genre montre que l'acceptation des jeunes homosexuels et lesbiennes reste malheureusement difficile.

Et s'il s'agissait d'homosexualité ?

Certains enfants et adolescents qui ne se conformaient pas à leur genre, ou que les diverses injonctions sexistes faisaient souffrir, et qui n'ont pas fait de transition, se sont révélés être tout simplement homosexuels ou lesbiennes. Il en est de même pour de nombreuses adolescentes qui regrettent leur transition et qui disent en substance : « Je croyais être trans, je n'étais que lesbienne. »

On peut aller plus loin et se demander si le mouvement en faveur de la « réassignation de genre » n'est pas une nouvelle forme de thérapie de conversion pour jeunes homosexuels et lesbiennes. D'après les travaux de la chercheuse Lisa Littman, 41 % des jeunes qui entament une transition n'étaient pas hétérosexuels [4]. Il est avéré que « soigner les homosexuels » par différents actes de torture, comme ce fut le cas autrefois, n'est pas efficace – en plus d'être profondément cruel. On ne peut pas faire d'un homme homosexuel un homme hétérosexuel, mais par le truchement d'une transition de genre, on peut faire d'un homme homosexuel une femme hétérosexuelle, et d'une lesbienne un homme lui aussi hétérosexuel.

Christine Jorgensen est le premier patient transgenre mondialement connu. Américain, il a été opéré à Copenhague dans les années 1950. George William a choisi son nouveau prénom, Christine, pour faire honneur au Dr Christian Hamburger qui l'a castré. Jorgensen était homosexuel. Il écrit dans ses mémoires que ses « émotions sont celle d'une femme, ou d'un homosexuel ». En l'occurrence il préférait se considérer comme une femme, et sa condamnation morale de l'homosexualité n'y est sûrement pas étrangère : « C'était quelque chose qui entrait en contradiction avec mes croyances religieuses. » Ses médecins et lui-même ont rejeté la réalité de son homosexualité pour ne plus considérer que l'hypothèse d'un problème « glandulaire ». Il était alors trop tôt pour que Jorgensen puisse s'identifier au transgenrisme ; c'est son endocrinologue qui l'a convaincu du fait qu'il n'était pas homosexuel mais atteint d'un « transvestisme (...) profondément ancré dans toutes les cellules de son corps ».

Qu'en est-il, 70 ans plus tard ? Sur la chaîne YouTube dédiée à la sexualité *Ambr'ouille*, la coach en développement personnel de 25 ans reçoit Héléna*, une jeune femme transgenre qui a commencé sa vie affective et sexuelle en tant qu'homme homosexuel. Elle a grandi dans une « campagne campagne campagne », sa famille « ne parlait pas du tout de sexualité ». Héléna raconte : « Ma famille a très mal réagi quand je leur ai dit : hey, je suis gay ! » L'annonce « je suis une femme qui aime les hommes » a été bien acceptée. L'homophobie de ses parents est manifeste. Selon cette logique archaïque, mieux vaut avoir une fille hétéro qu'un fils homo, d'autant plus qu'Héléna passe aisément pour une jeune femme : « C'était surtout une question d'image. Nous, on vit à la campagne, donc c'était plus honteux d'avoir un fils homosexuel efféminé que d'avoir une fille. »

Les jeunes femmes, de plus en plus nombreuses, qui révèlent regretter leur transition, citent souvent la lesbophobie comme cause de leur volonté de fuir vers la masculinité. Au Royaume-Uni, Charlie Evans, journaliste scientifique de 28 ans, a créé le *Detrans Advocacy Network*. Après avoir elle-même annoncé qu'elle renonçait à sa transition de genre et à la prise de testostérone, elle a recueilli des centaines de témoignages de jeunes femmes « détrans ». La jeune femme a observé que ces personnes étaient le plus souvent des femmes âgées de 25 ans environ, lesbiennes et atteintes d'autisme. Charlie a entamé une transition de genre à 14 ans après des années de harcèlement lesbophobe.

Dans *Post trans*, un autre site web de recueil de témoignages, Andy explique regretter son isolement dans son attirance pour les femmes. « Je n'ai tout simplement jamais eu de communauté. Il n'y avait pas de lesbiennes pour me guider, pour me parler. (...) Évidemment que j'ai cru que j'étais un homme, quels autres mots est-ce que j'avais ? » Elle a finalement détransitionné et accepté qui elle était : « Je suis une lesbienne, (...) et mon corps n'a pas besoin de changer pour que j'y sois heureuse. » De même que l'Américaine Sydney Wrights, qui espérait se sentir « naturelle » et « normale » en devenant un « homme hétéro ». Elle explique que son éducation religieuse stricte l'a amenée à détester le fait d'être lesbienne, mais a aussi encouragé « la haine de sa propre chair et la dissociation de soi-même ».

La transidentité est souvent présentée comme l'étape qui suit l'homosexualité sur le chemin du progrès et de l'acceptation. Océan, anciennement Océane, explique qu'elle y est allée « étape par étape ». Elle s'est d'abord acceptée en tant que lesbienne, mais la transphobie ambiante est selon elle plus prégnante que la lesbophobie, elle n'a réussi à accepter son identité trans que plusieurs décennies plus tard. Ainsi, certaines personnes pourraient accepter les homosexuels et lesbiennes, mais leur ouverture d'esprit s'arrêterait au seuil de la transidentité. Ou bien des personnes homophobes seraient encore plus hostiles envers les personnes transgenres qu'envers les homosexuels et lesbiennes.

Ce n'est pas ce que l'on observe. D'ailleurs, on entend un témoignage contradictoire dans la série documentaire *Océan, De l'intime au collectif* : « Mon *coming out* en tant que meuf lesbienne, il s'est très mal passé, mon *coming-out* en tant que mec trans s'est relativement bien passé. Le truc c'est que je suis perçu comme un homme hétéro maintenant... il y a un truc où le tort, il est redressé. » En réalité, des personnes profondément homophobes peuvent tout à fait accepter la transidentité – leur homophobie entraînant justement un soulagement en voyant que « le tort est redressé ».

Il est révélateur de voir que dans des sociétés dans lesquelles l'homosexualité est frappée d'un puissant tabou, la population est moins hostile envers les personnes transgenres. En 2016, un sondage réalisé par Ipsos en 2016 révélait ainsi que la population russe était davantage homophobe que transphobe : 41 % des personnes sondées détesteraient avoir des voisins homosexuels, et ce chiffre descend à 36 % quand il s'agit de voisins transgenres. En Turquie, 38 % des sondés refusent de côtoyer des homosexuels – 27 % déclarent rejeter les transgenres.

La pression de la part d'une famille et plus largement d'un environnement homophobe est clairement exposée dans un épisode de la série documentaire *Trans in*

America (2018), qui a remporté le prix de la meilleure émission de télévision américaine lors des Emmy Awards en 2019. Cette série de trois épisodes est co-produite par l'ACLU (Union américaine pour les libertés civiles), association qui milite en faveur du droit à l'avortement, de l'abolition de la peine de mort et qui a défendu un professeur de biologie qui a bravé la législation de son État en enseignant la théorie de l'évolution à ses élèves. C'est une organisation que nous qualifierions de progressiste, notamment dans la mesure où elle défend les libertés individuelles lorsqu'elles sont menacées par certains extrémismes religieux. Le premier épisode, *A Trans Girl Growing Up in Texas* montre quelques scènes de la vie de Kai Shappley, garçon « trans-identifié fille » âgé de 7 ans. Le film laisse libre cours à la parole de la mère du garçon. Après un plan où elle applique du vernis à ongles à son enfant, ravi, la mère de Kai explique : « Kai se comporte différemment de mes autres fils, déjà bébé il ressemblait beaucoup plus à ma fille. » La mère de Kai a des responsabilités dans l'organisation de sa paroisse, et se décrit comme appartenant au Tea Party, situé à la droite du Parti républicain. Lorsque Kai a eu 3 ans, sa mère a été terrifiée à l'idée qu'il puisse être homosexuel. Elle a beaucoup prié, a commencé à chercher des thérapies de conversion pour son enfant et lui donnait des fessées. Face au constat de son impuissance, elle autorise l'enfant à porter des vêtements de fille à la seule condition qu'il soit effectivement une fille. Elle exclut de fait la possibilité qu'il soit un garçon efféminé. Le film se termine sur le sourire radieux de Kai qui se rappelle que « lorsque sa mère a accepté de la considérer comme une fille, c'était plus que génial, c'était magnifique » – soit le moment où sa mère a arrêté de le maltraiter. On comprend le soulagement de l'enfant qui peut enfin s'épanouir sans subir de violences.

Ni la mère de Kai ni les parents d'Héléna n'ont arrêté d'être homophobes. Ils restent toujours aussi conservateurs et ne sont prêts à accepter leur enfant qu'à la condition qu'il corresponde aux normes de son genre. Certes, ils n'ont pas réussi à les convertir à l'hétérosexualité masculine ou aux codes virils, mais grâce à l'idéologie du genre, ils en ont fait des personnes acceptables : une fille et une femme féminines et hétérosexuelles. La mère de Kai Shappley s'évite l'inconfort de devoir emmener son fils vêtu d'une robe à l'église tout en gardant son rang dans une communauté qui prône la prière pour guérir de l'homosexualité. De plus, elle a la satisfaction d'être devenue une coqueluche des réseaux LGBT : en raison de son travail de lobbying médiatique et institutionnel avec Kai comme étendard, elle a fait de son enfant le *Kid of the Year* 2021 du magazine *Time* et d'une chaîne de télévision pour enfants.

Ce paradoxe apparent atteint des dimensions paroxystiques en Iran. L'homosexualité y est passible de la peine capitale, mais il s'agit du deuxième pays au monde qui compte le plus d'opérations de changement de genre, après la Thaïlande. Les personnes transgenres peuvent y obtenir un remboursement de la moitié des coûts liés aux opérations, et les certificats de naissance sont modifiés en ce sens. Le Dr Muhammad Mehdi Kariminia, qui porte le titre honorifique d'Hojatol Islam, est directeur de recherche au Centre de loi et jurisprudence islamique à Qom, l'institution de formation religieuse la plus prestigieuse de l'islam chiite. Il fait autorité. En 2011, il publie *Changement de sexe, perspective jurisprudentielle*, où il explique que cette procédure n'est pas contraire à l'islam et qu'il faut accéder aux requêtes des personnes qui en font la demande. Interviewé par la BBC, le clerc compare le changement de sexe au fait de « transformer le blé en farine puis en pain ». Contrairement à l'homosexualité qui est « contraire à l'ordre naturel et à la religion ». Il avance que « ces deux sujets sont parfaitement distincts », pourtant tout indique le contraire.

La société iranienne repose sur une définition stricte de la place des hommes et des femmes dans la société. Cela suppose d'attribuer des caractéristiques intangibles à chaque sexe, sans la moindre souplesse possible. Une femme qui a un caractère, des centres d'intérêt ou un mode de vie généralement attribués aux hommes ne peut pas trouver sa place dans un système aussi rigide. On lui dira qu'elle est un homme, et que son anatomie féminine est une maladie qui doit être soignée. Or, les « hommes coincés dans un corps de femme », et inversement, sont souvent des homosexuels ou des lesbiennes. L'homosexualité est un sujet tabou, et Internet, contrôlé par le régime, ne fournit aucune information à ce sujet. Parfois, les jeunes ne savent pas que cela existe et de nombreux psychologues sont réellement persuadés d'avoir affaire à de la transidentité. Shabnam, psychologue dans la capitale, sait à présent qu'elle est lesbienne, mais croyait être transgenre « jusqu'à ses 18 ans, tout simplement parce qu'il n'y avait que ce mot pour me définir dans les livres ou sur Internet ».

Le changement de sexe n'est pas (toujours) imposé *stricto sensu*, mais les pressions sont immenses. Les jeunes homosexuels sont parfois victimes de « crimes d'honneur », c'est-à-dire assassinés par des hommes de leur famille. Ainsi, les jeunes homosexuels et lesbiennes ont recours à des opérations mutilantes pour préserver leur propre vie et celle de leurs partenaires. Sarah révèle avoir été heureuse de « mourir puis renaître » sous une nouvelle identité et jouir, enfin, de « droits élémentaires ». Tuer l'homme homosexuel pour faire naître de ses cendres une femme hétérosexuelle est une démarche largement saluée : « J'étais considérée comme une sainte », dit-elle, en repensant aux fonctionnaires qui ont enregistré son changement d'état civil. Une sainte, qui participe à son échelle à « purifier l'Iran de l'homosexualité ».

Iran, Texas, mais aussi Europe. Le psychiatre Alexander Korte s'étonne de ce que nombre de ses patients, au CHU de Munich, soient de jeunes victimes terrorisées et abattues par un harcèlement homo- et lesbophobe au point de vouloir devenir quelqu'un d'autre : « De nos jours, on opère au bistouri les écarts à la norme. »

ET SI L'AUTISME ÉTAIT EN CAUSE ?

La clinique Tavistock de Londres a traité plus d'un millier de jeunes transgenres de moins de 18 ans depuis 2011. Fin 2018, un document interne a révélé une statistique frappante : environ 35 % de ces jeunes étaient atteints d'un trouble autistique modéré à sévère. On estime la proportion de personnes autistes à 1 voire 2 % de la population générale. Leur surreprésentation est donc flagrante. Une autre étude menée à Amsterdam a confirmé ce constat en montrant une prévalence de 7,8 % de jeunes patientes et patients qui montraient des signes de trouble autistique. Les personnes autistes sont-elles plus susceptibles d'être concernées par la dysphorie de genre ? Si oui, pourquoi ?

Les jeunes autistes reçoivent souvent un diagnostic tardif, et cela vaut surtout pour les jeunes filles et femmes. Les femmes autistes présentent des caractéristiques moins connues et, du fait des contraintes sociales qui pèsent sur elles en tant que filles, elles s'adaptent davantage à leur environnement. Il est donc possible que des jeunes filles et femmes soient persuadées d'être transgenres, et qu'elles soient poussées dans ce sens, en raison d'une mauvaise interprétation de symptômes de l'autisme et de ses comorbidités – on pense aux troubles anxieux notamment.

Tout d'abord, la transidentité apporte une réponse au sentiment douloureux de se sentir différent des autres, d'être toujours en décalage avec son environnement social. De nombreux jeunes autistes passent leur temps à essayer de décrypter les émotions et intentions d'autrui, et s'épuisent à tenter d'être enfin « comme tout le monde ». Le pédopsychiatre Éric Lemonnier, spécialisé dans la prise en charge d'enfants atteints d'autisme au CHU de Limoges, admet que certains d'entre eux puissent être réellement atteints de dysphorie de genre. Cela dit, la transidentité « leur donne l'espoir qu'ils trouveront leur place parmi les autres, ou bien leur donne une explication sur leur sentiment d'être différent ». Dans ces cas-là, il sera difficile de les persuader du contraire : les personnes autistes ont la particularité « d'adhérer à une idée sans nuance, leur autisme renforce leur adhésion ».

Autre particularité qui peut être aisément confondue avec une identité transgenre : la difficulté à comprendre et à intégrer les conventions sociales – notamment concernant les normes qui s'appliquent aux personnes de leur sexe. Ollie, 3 ans, refuse les modèles de chaussures disponibles dans le magasin et dit avoir « besoin de chaussures de toutes les couleurs ». À cinq ans, quand le petit garçon a commencé à porter des robes en public, sa mère s'est inquiétée : « C'était effrayant, parce que nous vivions au Texas et je ne savais pas ce qui se passerait quand il serait dehors. » Il est possible que cet enfant s'abandonne spontanément à son goût pour les robes car il ne perçoit pas le fait que cet habillement est socialement inconvenant pour un garçon ; en outre, du fait de son trouble du spectre de l'autisme, il n'est pas sensible aux regards réprobateurs qu'il suscite. Il se peut également qu'il associe lui-même les robes avec le fait d'être une fille. Les personnes autistes sont susceptibles de faire ce type de raccourcis typiques de l'idéologie du genre, en raison, pour citer le Dr Lemonnier, d'une « incapacité à traiter plusieurs informations en même temps ».

De nombreux jeunes autistes se reconnaissent certainement dans les critères de la transidentité cités par le compte Instagram *Bienveillance en spray* : « Avoir l'impression de ne jamais être vraiment là, de devoir jouer un rôle pour être socialement à l'aise, mentir sur qui l'on est vraiment pour être accepté » ; « essayer de coller au maximum aux stéréotypes de notre genre assigné pour dissimuler notre différence ou faire l'exact opposé et les rejeter totalement ».

Parmi les critères cités sur les réseaux sociaux qui indiquent une transidentité, l'on retrouve souvent le fait d'être plus à l'aise avec les personnes de l'autre sexe. « Je n'avais que des amis garçons, je détestais traîner avec les filles. » Préférer la compagnie des enfants de l'autre sexe fait d'ailleurs partie des critères de la dysphorie de genre dans le DSM-V. Cette socialisation plus aisée avec l'autre sexe peut avoir de multiples raisons, mais il se trouve qu'elle est courante chez les jeunes autistes.

La jeune Britannique Allie témoigne de son parcours lors de la Journée de sensibilisation à la détransition (*Detrans Awareness Day*). Elle a grandi entourée de son père et de ses frères, faisait partie d'une équipe de football masculine et ne fréquentait que des garçons à l'adolescence. C'est avec eux qu'elle se sentait à l'aise. Les relations étaient plus simples avec les garçons, il n'y avait pas de règles compliquées comme « tu ne peux pas porter la même tenue que moi », ou « tu ne dois pas parler à telle fille, parce que je me suis disputée avec elle ». De plus, Allie a construit sa sexualité de la même façon que les garçons hétérosexuels de son âge : en étant attirée par des filles, en parlant d'elles de la même façon que les garçons en parlaient, en regardant du porno. En 2013, les nouveaux termes liés à la transidentité apparaissent sur les réseaux sociaux. Elle a 13 ans, et germe en elle l'idée qu'elle est un homme. À 18 ans, elle commence à prendre de la testostérone, qu'elle obtient après un unique entretien de 30 minutes. « J'étais sur Tumblr et Instagram, je savais exactement quoi dire pour obtenir des hormones (...). Nous n'avons pas du tout parlé de mes traumas sexuels ni de mon enfance, ni de mes multiples tentatives de suicide. J'étais heureuse que ce soit si simple. » Après quelques mois d'euphorie et le sentiment d'avoir trouvé la solution à ses problèmes, l'anxiété et les pulsions suicidaires reviennent. À 20 ans, Allie a enfin reçu son premier diagnostic de trouble du spectre de l'autisme.

Kathleen Levinstein est enseignante en aide sociale à l'Université du Michigan. Elle est la première et la seule travailleuse sociale qui parle publiquement de son trouble du spectre de l'autisme. Quand elle était adolescente, personne ne parlait de la transidentité, en revanche sa fille, elle aussi autiste, a été influencée par l'antenne locale de l'association PFLAG (*Parents, Families and Friends of Lesbians and Gays*) de sa ville. Kathleen Levinstein explique que la jeune fille était vulnérable, souffrait de troubles cognitifs, et qu'il a été facile de la convaincre qu'elle était « un homme piégé dans un corps de femme ». À présent, aucune de ses difficultés relationnelles n'est résolue et elle souffre de douleurs chroniques dues à la prise de testostérone. Sa mère a eu les mêmes difficultés dans l'adolescence, une période durant laquelle les efforts d'adaptation deviennent trop lourds, la jeune fille faisant face, en plus du reste, à la transformation de son corps et de son psychisme typique de la puberté et à un environnement aux exigences cruelles. Elle se rappelle que sa préférence pour la compagnie des garçons était d'autant plus forte qu'elle était harcelée par les filles au prétexte de ses goûts et de ses façons d'être.

Les petits garçons atteints d'autisme, dont la sensibilité tactile sera exacerbée, aimeront passer les doigts sur des tissus froncés ou aux diverses textures, apprécieront les lacets et le tulle. Ils fuiront les sports auxquels s'adonnent les autres garçons en raison de faibles capacités motrices. Une démarche précautionneuse due à des problèmes de système vestibulaire sera vue comme maniérée, efféminée, et sera souvent moquée. D'autres traits caractéristiques qui peuvent être interprétés comme une identité transgenre. L'autisme est difficile à prendre en charge. Ce n'est pas une maladie mais un trouble du développement neurologique qui ne se soigne pas. Grâce à un accompagnement et une éducation spécialisée, on peut se contenter de réduire l'intensité de ses manifestations et donc la détresse des personnes. Les comorbidités comme la dépression et le trouble anxieux généralisé peuvent être apaisées grâce à une médication. Cela dit, nos sociétés sont pétries de tabous autour de la santé mentale. Nombre d'entre nous ressentent de la honte à l'idée de devoir « se faire soigner ». Ce tabou social s'accompagne de financements toujours plus faméliques pour la prise en charge en psychiatrie et l'éducation des enfants atteints d'une différence intellectuelle ou cognitive. Un diagnostic « transgenre » posé en une séance par un psychiatre, puis un traitement hormonal et des opérations présentent l'illusion d'une intervention qui serait d'autant plus efficace qu'elle est spectaculaire. Or, comme en témoigne la psychiatre britannique Sally Powis, la transition de genre n'améliore pas le bien-être de ces personnes, et aggrave plus particulièrement leur rapport à leur corps.

Les personnes transgenres décrivent souvent un sentiment d'inadéquation avec leur corps, qui peut aller jusqu'à la haine et la volonté de le détruire. Les troubles alimentaires sont fréquents, comme chez le jeune Norvégien Kovu Kingsrod qui révèle également avoir eu des idées suicidaires : « Je refusais d'être moi. » Dans la vidéo « Comment savoir si on est transgenre ? », le garçon trans français Alex explique qu'un adolescent ou une adolescente est sûrement transgenre si il ou elle « ne se sent pas à l'aise avec sa poitrine, ses cuisses, sa voix ». Le youtubeur britannique Jamie Raines, sur sa chaîne Jammidodger (885 000 abonnés), va beaucoup plus loin. Selon lui, « *there is nothing too obscure or too strange to feel dysphoric about* » (n'importe quel détail de votre personne peut être à l'origine d'un sentiment de dysphorie, même si cela vous semble étrange). La dysphorie peut se manifester sur des aspects de votre personne que vous ne soupçonnez pas. Jamie Raines mentionne le malaise de certains vis-à-vis de leur façon d'uriner, leurs mains, leur pilosité, qu'elle soit trop ou pas assez abondante à leur goût, le moindre indice peut indiquer une dysphorie de genre. Lui par exemple était « focalisé » sur ses mains.

De nombreux jeunes autistes peuvent se sentir concernés par ces descriptions. Ce trouble est également caractérisé par une sensibilité sensorielle surdéveloppée. Les personnes atteintes d'autisme peuvent ressentir des douleurs ou des angoisses insupportables à cause d'un vêtement au tissu trop rêche ou de l'éclairage puissant des allées d'un supermarché. Si l'on ajoute à ce phénomène des attentes incomprises qui pèsent sur le corps et l'apparence des jeunes filles, une détestation du corps peut s'instaurer, aisément confondue avec de la dysphorie de genre. Sur le blog *Royaume Asperger*, une jeune femme autiste se confie : « Mon corps a toujours été une inconfortable enveloppe (...). Un mal nécessaire sans lequel je ne pourrais exprimer à l'extérieur ce qui se passe en dedans. Enfant, je lui en voulais de m'entourer de la sorte, de me coincer dans l'attaque perpétuelle des ressentis multiples. (...) De la plante des pieds au dessus de mon crâne, l'ensemble complet ne me semblait pas intégré. Comme si ma chair ne m'appartenait pas. »

Et si l'on parlait des violences sexuelles dans l'enfance ?

Ce rejet du corps peut aussi indiquer un passé de violences sexuelles, en particulier dans l'enfance. Une jeune personne autiste peut aussi malheureusement avoir été victime de viol pédocriminel ou d'un autre type de violence sexuelle. Le rejet du corps et des marqueurs de féminité n'en seront généralement que plus intenses. Les jeunes filles qui ont été victimes d'agressions sexuelles ou de viols sont dans la grande majorité des cas réduites au silence par leur agresseur, pétrifiées par la honte et le sentiment de culpabilité, voire par un sentiment d'irréalité due au caractère extrême et incompréhensible de ce qu'elles ont subi. Cela vaut en particulier lorsque leur agresseur est un membre de leur famille, comme c'est souvent le cas. Il leur est quasiment impossible d'en parler, et donc d'être prises en charge de façon adaptée pour surmonter leur traumatisme. Parfois, face à la violence du choc, le cerveau se protège par un phénomène d'amnésie traumatique ou de déni, et le trauma se manifeste sans que la victime l'associe à l'agression ou au viol.

Si elles en gardent un souvenir conscient, les victimes cherchent généralement une cause à ce qu'elles ont enduré, essaient de rationaliser leur vécu en tâtonnant. Les filles vont comprendre qu'elles ont été agressées parce qu'elles ont un corps de fille ou de jeune femme. Elles peuvent intégrer l'idée que leur corps a exercé une séduction sur leur agresseur, que c'est ce corps qui a provoqué le passage à l'acte. Elles ne veulent plus de marqueurs féminins qui les désignent comme des cibles pour les violeurs.

Le documentaire en quatre parties *Dysphoric*, de la réalisatrice indienne Vaishnavi Sundar, a pour sous-titre : « *Fleeing womanhood like a house on fire* » (« Fuir le fait d'être une femme comme une maison en feu »). Sorti en 2021, il est disponible gratuitement sur YouTube. Au début du 1er épisode, la réalisatrice raconte qu'elle a grandi dans une petite ville du sud de l'Inde et que sa famille avait des valeurs traditionnelles : « Les hommes mangeaient, les femmes nettoyaient. » Elle était constamment surveillée, non sur sa réussite scolaire mais sur son apparence physique et ses fréquentations. Alors qu'elle n'a que 11 ans, son grand-père lui montre une collection d'articles de presse sur les viols et agressions sexuelles commises contre des femmes en Inde. Si Vaishnavi manquait de prudence, c'est ce qui lui arriverait. Comme c'est malheureusement souvent le cas, les viols qu'a subi la jeune fille ont été commis par un membre de sa famille, dans l'indifférence de toutes et tous, pendant que ses frères déployaient leur machisme en toute impunité. Avant la puberté, Vaishnavi Sundar haïssait déjà son corps, voulait couper ses seins, être un garçon, en bref être la personne qui n'aurait pas subi cette haine et ces viols. Vingt ans plus tard, elle se dit que si elle en avait eu la possibilité, elle aurait sûrement fait une transition de genre.

Depuis les années 2010, le porno s'est banalisé, il est largement accessible sur smartphone, mais il est aussi devenu beaucoup plus « trash ». Le psychiatre Alexander Korte explique que cette banalisation de la pornographie a aggravé la haine de leur corps que ressentent les adolescentes, car dans ces images les parties génitales sont visibles et imposent un modèle sur ce qui est acceptable et désirable. L'érotisation de pratiques humiliantes dans la pornographie (BDSM, érotisation du viol, voire du viol pédocriminel) est extrêmement nocive pour l'estime d'elles-mêmes des jeunes filles. Entourées de garçons qui construisent leur sexualité à travers ces images, elles subissent de lourdes pressions pour céder à des pratiques sexuelles qu'elles ne désirent pas et qui sont dégradantes, voire des violences sexuelles, des rapports sexuels désirés mais avec des actes violents, et des pratiques prostitutionnelles. Certaines jeunes filles, par réflexe de défense, fuiront la féminité en adoptant une identité transgenre.

C'est précisément ce que décrit Sacha sur sa chaîne YouTube. La jeune femme trans-identifiée « avait l'image des trans qui savent depuis l'enfance qu'ils ne sont pas nés dans le bon corps » (ce n'est pas qu'une image, mais la description de la dysphorie de genre avant le récent changement de définition) : « Moi je n'avais pas de problème avec mon corps quand j'étais enfant, c'est un rejet qui est venu après des années d'expérience de merde, liées à mon genre (...) être une femme c'est chiant, c'est épuisant. » En effet, la jeune femme a subi de graves violences sexuelles et sexistes, et comme elle le relate, elle « s'est battue ». Ce qu'elle fuit, c'est son vécu en tant que femme dans une société sexiste où les harceleurs, agresseurs et violeurs sévissent impunément. Après avoir rejeté les attributs de la féminité (maquillage, cheveux longs), elle dit éprouver un soulagement dans le fait d'être appelée « monsieur » – et d'être davantage respectée en passant pour un homme. Avec la prise d'hormones masculines, Sacha se débarrasse d'une apparence féminine qu'elle assimile à l'hypersexualisation et aux violences.

La psychiatre Susan Bradley, membre du comité scientifique à l'origine du *DSM-IV*, explique que certaines jeunes filles peuvent rejeter le statut de femme car elles ont été témoins de violences conjugales contre leur mère. Elles ont assimilé les statuts de femme et de victime et refusent les deux en bloc. De très nombreux jeunes sont anxieux à propos de ce qu'implique le fait d'être une femme ou être un homme, mais selon la psychiatre, cela ne signifie pas qu'ils ou elles sont transgenres.

En région parisienne, Laure* est membre du réseau Ypomoni, qui rassemble des parents d'adolescents et surtout adolescentes qui veulent entamer une transition de genre. Lors de mes entretiens avec ces mères, j'ai noté des similitudes frappantes entre les parcours de leurs enfants. Tout d'abord, les personnes membres d'Ypomoni – qu'elles se définissent comme « catholiques, plutôt traditionnelles » ou « anarchistes de gauche » –, ne voient aucun problème à ce que leur enfant puisse être homosexuel ou lesbienne. L'évocation de leur homosexualité est souvent une première étape. Une mère pose d'ailleurs la question : « Peut-être que ces jeunes, face à notre acceptation, ont eu besoin d'aller plus loin dans la transgression ? » Ensuite, lorsque l'adolescent annonce sa transidentité, les parents n'expriment aucun rejet frontal : « Tu pourras faire une transition à l'âge adulte, si ce besoin persiste, mais pour l'instant tu n'as que 14 ans et ce n'est pas une décision à prendre à la hâte. » J'ai été frappée du caractère mesuré de la réaction de ces adultes qui veulent protéger leur enfant d'un coup de tête aux conséquences irrémédiables. « Ypomoni » signifie « patience » en grec. Ces parents sont toujours en couple, ont une bonne situation socio-professionnelle et sont attentifs à l'éducation et au bien-être de leurs enfants. Ce sont des parents aimants, présents, et affolés de voir que leur enfant se réfugie dans une nouvelle identité stéréotypée et une agressivité terrible, qui peut même aller jusqu'à la violence physique contre des membres de la famille. La majorité des mères avec lesquelles je me suis entretenue racontent avoir « essayé » d'appeler leur fille par le prénom masculin de leur choix, mais qu'elles « n'y arrivaient pas ».

Laure est « tombée des nues » lorsque sa fille a déclaré : « Je suis mal dans mon corps, je me sens garçon. » Elle décrit la jeune Sophie* comme une « fille classique, ni masculine, ni hyper féminine », mais qui souffre de grandes difficultés dans les relations sociales avec les jeunes de son âge et a été diagnostiquée comme haut potentiel intellectuel. Laure souligne le fait que dans toutes les familles membres d'Ypomoni, le basculement a eu lieu pendant ou juste après le confinement. La Dr Anne Perret l'a également observé chez ses patientes. « Livrée à elle-même », Sophie a tapé « pourquoi je suis mal dans mon corps » sur Google et a découvert une myriade de témoignages et discours sur la transidentité comme explication au mal-être physique. Consciente du risque que représentent les heures passées sur le web quand on est très jeune, Laure coupait le wifi après 21 heures, mais Sophie allait sur Instagram et Discord pendant ses cours en ligne. Lorsque la jeune fille dit à sa mère, de façon péremptoire, qu'elle doit faire une transition de genre, Laure lui répond : « Tu n'as que 14 ans. Continue ton travail avec ton psychiatre, pose-toi la question de pourquoi tu n'aimes pas ton corps. » Le psychiatre qui suit la jeune fille en psychothérapie n'est pas « trans affirmatif », il lui donne un traitement médicamenteux qui lui permet de fonctionner normalement au quotidien (des antidépresseurs et neuroleptiques dont l'efficacité a été amplement démontrée) ; il explore avec elle ce qui peut expliquer son refus de qui elle est, ainsi que ses angoisses.

Grâce à ces séances, ainsi qu'une thérapie comportementale contre les phobies scolaire et sociale et de l'hypnothérapie qui l'a reconnectée à son corps et à ses besoins profonds, Sophie a arrêté de parler de transidentité. Elle se sent mieux, d'après ce qu'elle dit et surtout d'après ce qu'indique son comportement, elle s'est ouverte à d'autres personnes, ose enfin sortir de chez elle et fait du skate avec des jeunes de son âge.

À présent, la jeune fille comprend à quoi correspondait sa sensation d'avoir des « choses très bizarres dans sa tête ». Lorsqu'elle a appris qu'elle n'avait pas été acceptée dans le lycée de ses vœux, elle s'est sentie « vide, exactement comme le jour où elle a appris le suicide de (sa) meilleure amie », en classe de 6e. Ce terrible drame a provoqué chez elle un trouble de dépersonnalisation et de déréalisation, que son psychiatre a su identifier. Sophie a également compris qu'elle était terrifiée à l'idée de devenir une femme, car elle a été marquée par le récit de violences sexuelles subies par sa sœur aînée et sa mère. Laure dit regretter d'avoir confronté sa fille si jeune à une réalité traumatisante. « Je préfère être du côté des oppresseurs que de celui des opprimées », dit la jeune fille. Sa mère rejoint la gynécologue et endocrinologue Nicole Athéa, selon laquelle le mouvement Me Too, s'il est parfaitement légitime et d'une grande utilité pour les femmes, a mis des jeunes filles trop jeunes face à la présence d'une menace qui les a terrorisées et, ajouterais-je, contre laquelle la société ne propose pas encore de solution.

En plus de la violence misogyne intra-familiale évoquée par la militante féministe Camille Girard, une famille dysfonctionnelle peut être marquée par un climat incestuel. Les pères ou les autres hommes de la famille se rendent parfois coupables de harcèlement pédocriminel à l'encontre de leur fille ou petite-fille prépubère. Ce climat rendra la puberté angoissante pour la victime, qui refusera de devenir une personne sexualisée par peur d'un passage à l'acte. Cette peur est indicible, ses ressorts éventuellement inconscients. À l'inverse, une médecin de la clinique du genre de Tavistock, à Londres, révélait en 2018 avoir décelé des motivations pédocriminelles chez un père qui poussait sa fille à prendre des bloqueurs de puberté. Tant de familles sont dysfonctionnelles, céder aux demandes de transitions de la part d'enfants comporte un risque majeur de renforcer ces dysfonctionnements ou bien de contourner des problématiques graves.

Les adolescentes sont plus que jamais attirées vers un changement d'identité, un rejet de qui elles sont voire la mutilation de leur corps, et ce phénomène doit être mis en relation avec une explosion terrible de la souffrance psychique parmi cette population. Les jeunes vont mal, et en particulier les jeunes filles. Dans une étude Ipsos parue en novembre 2022, on lit que 53 % des jeunes Français âgés de 11 à 15 ans souffriraient d'anxiété ou de dépression. Près d'un quart (23 %) des adolescents déclarent n'avoir personne à qui se confier. Les violences subies constitueraient le principal sujet d'inquiétude pour les jeunes (50 %)[5]. Selon les données de Santé publique France, 2021 a marqué une très forte hausse (43 %) des admissions aux urgences de jeunes filles de moins de 15 ans, alors que le chiffre concernant les garçons du même âge est resté stable.

Les autrices Helen Joyce et Abigail Shrier, de même que le psychiatre Alexander Korte, dressent un parallèle entre la transidentité et l'anorexie. Toutes deux concernent quasi exclusivement les filles. Le médecin munichois explique que l'un n'a pas remplacé l'autre, les deux troubles coexistent largement. Tous deux répondent à un refus de l'identité sexuelle féminine et à un manque d'intégration du corps dans l'image de soi. L'anorexie entraîne en effet la perte des caractéristiques du corps des femmes, l'amaigrissement fait disparaître les hanches et la poitrine et les patientes n'ont plus leurs règles. Anorexie et dysphorie de genre sont des réponses somatiques à un refus de devenir une femme. De même, la psychanalyste et psychothérapeute française Sophie Bat-Genstein relate que la plupart des jeunes femmes anciennement anorexiques qu'elle reçoit dans son cabinet comprennent qu'elles souffraient « au fond, de l'angoisse d'être une femme », et plus précisément de la crainte d'avoir des enfants, en particulier lorsque leur mère était « psychologiquement ou physiquement violente ».

Chez les garçons victimes, le processus est différent. Ils peuvent avoir intégré l'idée que le fait d'avoir été agressé les rend féminins. Notre société associe le corps des femmes et la féminité à la passivité sexuelle, et associe au contraire le corps des hommes et la masculinité à la prédation. En étant victime d'agression sexuelle ou de viol, un garçon peut en venir à s'identifier aux filles et aux femmes. Puisqu'il a été agressé le plus probablement par un homme adulte, le garçon pourra aussi, à l'adolescence, éprouver un sentiment d'angoisse et de rejet face à son propre sexe d'homme.

Les victimes de viol, qu'elles soient filles ou garçons, peuvent souffrir, parmi d'autres conséquences néfastes, de dissociation traumatique. On observe ce phénomène parmi les victimes d'autres actes de torture, ou autres événements traumatisants (tel le suicide, à 12 ans seulement, de la meilleure amie de Sophie). Incapable d'encaisser psychiquement le choc, le sujet est coupé de la conscience de ses émotions et de son corps. Il ne se ressent plus comme étant lui-même. Pour les victimes de prostitution, il peut s'agir d'une indifférence totale face aux humiliations et douleurs causées par les innombrables pénétrations subies. Ce que décrit Kovu Kingsrod s'apparente à ce phénomène. Parmi les signes qui peuvent, selon lui, indiquer qu'une personne est trans, il décrit ceci : « Vous n'avez rien contre votre corps en soi, mais c'est le fait que soit *votre* corps, qui ne va pas... Certains trans ont l'impression que leur corps ne leur appartient pas. » C'est la description exacte de la dissociation traumatique. Une jeune fille ou femme qui aura occulté le souvenir des violences par amnésie traumatique ne pourra que constater cette dissociation sans en identifier la cause.

Walt Heyer, Californien, décide en 1991 de retrouver son identité d'homme. Il se rend compte qu'il a été incité par ses médecins et par la communauté LGBT à entamer une transition, alors qu'il souffrait en réalité d'un trouble dissociatif dû à un viol dans l'enfance. Sur son blog *SexChangeRegret*, il a recueilli des dizaines de témoignages d'hommes qui sont dans la même situation. Il cite notamment Billy, qui était un enfant menu avec un défaut d'élocution, victime de violences à l'école. Il a également été violé par son instructeur de natation. Éprouvant alors le besoin de fuir sa réalité quotidienne, il trouve refuge dans le maquillage et les bijoux de sa sœur. Billy fait état de ce viol pédocriminel à son psychothérapeute qui n'en a cure, bien plus intéressé par le fait qu'il puisse « se sentir fille ». Après avoir été convaincu que mutiler son sexe d'homme allégerait sa souffrance, Walt Heyer, comme Billy, s'est finalement rendu compte qu'il avait été induit en erreur.

À présent, il est convaincu que les personnes qui, comme lui, regrettent leur transition sont nombreuses.

Si leur nombre est difficile à évaluer, on peut déplorer le fait que d'un côté, les violences pédocriminelles sont malheureusement répandues, que les victimes sont difficilement reconnues comme telles et prises en charge de façon adéquate ; tandis que de l'autre côté, la transition de genre est présentée comme une solution immédiate en réponse à des traumas complexes.

En France, Laure, du réseau Ypomoni, a d'ailleurs été stupéfaite de voir qu'à l'hôpital psychiatrique où sa fille a séjourné pendant plusieurs semaines après des tentatives de suicide, toutes les autres jeunes patientes et patients, s'ils étaient traités pour divers troubles, se disaient « trans, non binaires ou en questionnement de genre ». La transidentité germe sur le terreau du trouble psychique, de l'isolement et des difficultés relationnelles.

Une explosion de la dépression chez les jeunes, en particulier les jeunes filles

Une étude menée au Royaume-Uni en 2021 a montré que 72 % des adolescents qui ont été suivis pour une transition de genre avaient auparavant été traités pour un trouble de la santé mentale, et 22 % d'entre eux avaient une consommation régulière d'alcool ou de stupéfiants. La psychiatre Anne Perret parle d'une grande hétérogénéité des cas, la demande de transition de genre est le symptôme d'un trouble qui peut aller de la simple dépression réactionnelle adolescente au trouble psychotique. Elle observe que « la clinique n'est pas différente d'avant, les enjeux psychiques sous-jacents sont identiques, mais depuis 2010 environ, ils s'accrochent à une réponse présentée par la société comme une solution, rencontrent des discours empreints d'une grande certitude, et s'y accrochent ».

Une étude de cas menée à l'Université Stanford en 2016 montre également que certains types de troubles obsessionnels compulsifs peuvent être confondus avec une transidentité. Le type d'obsession le moins étudié est de type sexuel. Par exemple, un patient sera obsédé par la peur de devenir homosexuel. La psychothérapeute irlandaise Stella O'Malley met l'accent sur le caractère obsessionnel du désir de transition chez ses patients. Ces derniers sont absolument certains que leur nouvelle identité de genre fera d'eux une nouvelle personne, libérée de ses entraves. Ils expriment cette idée fixe avec une telle emphase que, toujours selon Stella O'Malley, de nombreux médecins ou thérapeutes, qui sont peu au fait de ce phénomène nouveau, sont incapables de leur opposer une résistance. Résistance qui prendrait simplement la forme d'une exploration de ce besoin, avec éventuellement une thérapie pour traiter leurs troubles psychiques. La psychothérapeute avance que le besoin de transidentité pourrait être en fait une forme de trouble obsessionnel compulsif, de la même façon que certaines personnes sont obsédées par la crainte d'être homosexuels, voire d'avoir des pulsions sexuelles envers des enfants, alors que ce n'est pas le cas. Ce trouble peut être soigné grâce à une thérapie comportementale, qui éviterait dans certains cas une transition sociale et médicale décevante.

Selon les militants de la transition de genre la plus rapide possible, ces jeunes patients souffrent de troubles psychiques car ils sont transgenres mais « dans le placard ». Aucune étude, nous le verrons, n'atteste du fait que la transition de genre améliore la santé et le bien-être psychologique de ces personnes – une fois passée une période d'euphorie. La corrélation entre trouble du spectre de l'autisme et dysphorie de genre est constatée, mais elle n'est pas expliquée.

On ignore comment soulager la dysphorie de genre, mais on sait comment soigner la dépression ou les troubles anxieux. Pourtant, le corps médical choisit bien souvent de modifier le corps plutôt que de soigner l'esprit par une psychothérapie éventuellement accompagnée d'une médication dont l'efficacité est prouvée.

Se créer une identité dans un monde virtuel

L'adhésion à l'idée qu'il existe une identité homme ou femme qui supplante la réalité du corps implique une dichotomie entre le corps et la conscience de soi, donc une mise à distance de sa réalité incarnée. La militante Camille Girard, qui anime le podcast *Rebelles du genre*, cite les jeux vidéo parmi les causes de la transidentité de sa sœur. La jeune femme a commencé à prendre de la testostérone à 20 ans, dans le contexte d'une famille violemment misogyne – qui n'a aucune considération pour ses caractéristiques en tant que personne autiste –, et après avoir subi des violences sexuelles et sexistes à l'extérieur du cercle familial. Elle souffre d'une grave dépression et se réfugie dans le monde virtuel de YouTube, où les vidéos du « geek » Mister Yéyé l'amènent vers des contenus transactivistes, et passe la plus grande partie de son temps à jouer à des jeux vidéo. Là, sa rupture avec le réel prend une plus grande ampleur. Le corps est absent.

Camille explique que la fréquentation de ces univers virtuels peut accroître la dichotomie entre le corps et l'esprit et amener à développer une identité séparée d'un corps qui a été humilié et blessé. Stella O'Malley le confirme : de nombreuses jeunes filles et garçons transgenres « commencent par la création d'un personnage ». Les garçons qui, dans une période où leur sexualité commence à se construire, « ont la possibilité d'incarner un personnage de femme très belle et sexualisée (...) ne savent pas s'ils la désirent ou s'ils ont envie d'être elle, à un âge si précoce, c'est confus dans leur esprit ».

Camille Girard a d'ailleurs elle-même déjà utilisé le pseudo de son personnage en lieu et place de son prénom, lorsqu'elle se présentait à de nouvelles personnes dans le monde physique. « C'était comme les trans qui remplacent leur *deadname*[6] par un nouveau prénom. Parfois on ne veut plus être appelée par notre prénom, parce qu'il nous ramène à des violences familiales. »

Cette mise à distance du corps se reflète bien sûr dans la sexualité, ou plutôt dans l'absence de sexualité. La journaliste Kate Julian parle d'une « récession sexuelle ». L'âge moyen auquel un enfant (car malheureusement, ce sont des enfants) est exposé pour la première fois à de la pornographie est de 11 ans. Les adolescents ont déjà vu toutes sortes d'excentricités sexuelles sur écran, ils savent nommer des pratiques qui feraient rougir leurs parents. Mais ces jeunes ne font pas l'amour. Une étude indique qu'entre 1991 et 2017, le pourcentage de jeunes de 17 ans qui a déjà eu des relations sexuelles de quelque type que ce soit est passé de 54 % à 40 %.

Troubles dans la famille

La Néerlandaise Nikkie de Jagger est, à seulement 26 ans, une pointure internationale dans le domaine du maquillage, avec une collaboration avec Lady Gaga, un poste de conseillère artistique auprès de Marc Jacobs et une chaîne YouTube qui compte 13,8 millions d'abonnés. En janvier 2020, après avoir été victime de chantage, elle a été obligée de révéler publiquement son identité transgenre. Elle décrit alors son parcours de vie pour expliquer comment elle est née avec un corps de petit garçon puis est devenue la jeune femme Nikkie.

Nikkie de Jagger commence son récit en parlant de sa mère, enceinte de lui : « Ma mère était convaincue d'être enceinte d'une fille. » Il ajoute, en riant : « Comment savait-elle qu'en effet, elle attendait une fille ? » À la naissance de l'enfant, « c'était une surprise ». Nikkie n'emploie pas le mot « déception », mais le ton de sa voix transmet le malaise de ne pas avoir été la fille désirée par sa mère : « Tout en moi était féminin. » Nikkie de Jagger portait notamment les cheveux longs et des « vêtements de fille ». Il est vraisemblable que sa mère, qui voulait élever une petite fille, ait encouragé les signes de féminité chez l'enfant.

Le documentaire *Petite fille* commence ainsi : « Sasha se sent... Non elle ne "se sent" pas, c'est une petite fille, Sasha est une petite fille dans un corps de garçon. » À 2 ans et demi, il disait « quand je serai grand, je serai une fille ». Sa mère explique que les propos se répètent, sont prégnants. La psychologue qui mène l'entretien évoque l'idée que la mère a pu, inconsciemment, vouloir une fille. La réponse de la mère de Sasha sera claire : « Pas inconsciemment : je voulais une fille. » Elle poursuit, alors que son fils est assis à côté d'elle : « En apprenant que j'attendais un garçon, j'ai été déçue, très déçue. »

Nikkie de Jagger et la jeune Sasha n'auraient-elles pas construit une identité de fille en partie car elles croyaient qu'ainsi, elles seraient davantage aimées par leur mère ? Que penser de médecins qui, en toute connaissance de cause, leur « fabriquent » une fille ? Ne répondent-ils pas uniquement à la demande narcissique de la mère – au mépris de la santé de l'enfant ?

Il est normal qu'un enfant obéisse aux désirs de ses parents, l'adolescence doit cependant marquer un tournant. La Dr Nicole Athéa explique qu'au moment de la puberté, « l'enfant a besoin de manifester de l'agressivité ». En général, celle-ci s'exprime par de la désobéissance ou des propos insolents. Elle participe de l'individuation de l'enfant et de l'adolescent, nécessaire à son développement psycho-affectif. Or, selon la gynécologue qui a longtemps formé des jeunes à la vie sexuelle et affective, « la place des enfants dans la famille a changé, il n'y a pas assez de distance entre les parents et les enfants. L'enfant n'arrive plus à manifester son agressivité ». Jean M. Twenge, professeure de psychologie à l'Université de San Diego, montre d'ailleurs que la proportion d'adolescents qui ont eu une dispute significative avec leurs parents au cours des trois années précédentes est passée de 66 % en 2005 à 56 % en 2015[7].

Cette agressivité, poursuit Nicole Athéa, « doit alors prendre des chemins détournés. La transidentité est agressive contre les parents, mais de façon voilée » : « Elle passe par l'auto-destruction. » La transidentité est une négation de soi, en apparence inoffensive pour la famille. Pour autant, c'est un rejet du prénom que les parents ont donné à leur enfant, qui en impose un nouveau. Surtout, les parents du jeune transgenre doivent renoncer à leur fils ou à leur fille et accepter tout d'un coup d'avoir un enfant de l'autre sexe. Depuis une dizaine d'années, il n'est pas rare de rencontrer des parents d'adolescents qui, dans le meilleur des cas, doivent écouter à table des péroraisons sur le « spectre du genre », les « identités trans » et autres « personnes non-binaires ». Les enfants détiennent à présent des connaissances qu'ils enseignent à leurs parents.

Au-delà de ce phénomène, la professeure de psychologie Jean M. Twenge décrit de véritables ruptures dans le comportement des adolescents nés entre 2005 et 2010. Les nouveaux modes d'interaction et les nouveaux centres d'intérêt de ces jeunes ont pour point commun d'être en parfait accord avec ce que leurs parents souhaitent pour eux. Elle note une tendance croissante chez les jeunes de 14 à 15 ans à sortir avec l'un de leurs deux parents ou en famille. Les sorties entre adolescents sans adultes se font de plus en plus rares, et cela vaut dans tous les milieux sociaux. La nouvelle génération n'hésite pas à dire où elle est et avec qui elle sort. Elle ne s'oppose en rien, ne résiste pas. Cette réticence à la prise de risque a bien sûr des avantages, comme une diminution drastique des accidents de la route chez les jeunes de moins de 20 ans.

Toutes les pratiques autrefois constitutives de l'adolescence : avoir des coups de cœur, des relations amoureuses, sortir entre amis, boire de l'alcool et avoir hâte de passer son permis de conduire – tout cela n'intéresse plus la nouvelle génération, qui est beaucoup plus solitaire, se laisse conduire ici et là par les adultes, ne fait presque plus la fête et a globalement abandonné les pratiques subversives qui ont fait tout le sel de nos jeunes années. Parler pendant des heures et des heures des garçons qui nous plaisaient, fumer notre première cigarette entre copines, découvrir l'ivresse de l'alcool et des baisers... Comment la nouvelle génération peut-elle se détourner de ces plaisirs ? L'adolescence est synonyme de fantaisie, de transgression. Sauf pour la nouvelle génération, plus préoccupée de sécurité et plus réticente au conflit que jamais. Comme disait la sœur d'un jeune homme trans-identifié, au mode de vie ascétique depuis toujours, mais farouchement transactiviste : « Tu ferais mieux de boire un verre et de fumer une clope de temps en temps... » C'est vrai qu'il est difficile d'être adulte, mais ces jeunes ne voient-ils pas que l'enfance est l'âge de la tutelle, de l'ignorance et de la vulnérabilité ?

Pourquoi 2010 a marqué un tournant

Les jeunes personnes autistes, souffrant de dissociation traumatique ou bien rejetées en raison de leur orientation sexuelle ont toujours existé. Mais pourquoi observe-t-on une explosion du phénomène transgenre à partir de 2010 ? Dans *Dommages irréversibles*, Abigail Shrier démontre le lien de causalité entre la généralisation des transitions de genre et l'accès des jeunes au web 2.0 sur leur smartphone. Les jeunes nés après 1995 n'ont pas connu la vie sans les réseaux sociaux, c'est la première génération qui a accès à Internet dans sa poche. Leurs interactions sociales et leur rapport au corps en ont été profondément bouleversés, comme jamais auparavant.

À quinze ans, je passais l'essentiel de mon temps avec ma meilleure amie, qui était aussi versée dans la lecture et éloignée de la séduction que moi. Parfois, quelqu'un nous faisait comprendre que nous étions loin de leur idéal de beauté, et ce n'était pas bien grave. Nous aimions les livres, admirions notre jolie prof de français et riions à en avoir des crampes. J'admirais de loin les filles cool qui portaient des vêtements moulants et qui étaient considérées comme des déesses de beauté. Nos idéaux n'étaient pas les instagrameuses aux poses parfaitement étudiées et à la plastique irréprochable, mais les jolies filles du collège, avec quelques imperfections pointées par de mauvaises langues. Quand je suis devenue amie avec l'une d'elles, je me suis rendu compte que nous étions semblables dans la découverte hésitante de notre féminité et des premières amours. Tout cela se passait à l'échelle d'une classe de collège, dans un quartier de la classe moyenne à la périphérie d'une ville. Notre vie, ses aléas, les fluctuations de notre apparence n'étaient connus que d'une quarantaine d'autres jeunes, et n'intéressaient qu'une dizaine d'entre eux, tout au plus...

Aujourd'hui, une jeune fille est scrutée par des centaines voire des milliers de « followers ». Si elle se demande qui, de sa meilleure copine ou d'elle, est la plus belle, le nombre de likes sur leurs photos lui donnera la réponse. Si un jour sa photo ne la met pas à son avantage, elle recevra des tombereaux d'insultes. La pression sur l'apparence était forte dans les années 2000 ; elle est aujourd'hui insupportable.

Une équipe pluridisciplinaire de chercheurs a montré le lien entre l'accès à l'Internet haut débit et la souffrance psychique des adolescentes, en étudiant une cohorte de filles de 15 à 19 ans en Espagne entre 2007 et 2019. Les chercheurs expliquent que ce pays est un terrain d'observation particulièrement éclairant dans la mesure où le déploiement de Telefónica s'est fait de façon chaotique, « en fonction de facteurs historiques, politiques et de la mise en œuvre hétérogène des subventions gouvernementales, plutôt que d'autres considérations telles que la taille, la densité de population ou le niveau de vie d'une province donnée ». Ils constatent « qu'en effet, il y a eu une détérioration notable de la santé mentale chez les adolescents, en particulier les filles, dans les zones où la pénétration de la fibre est plus élevée. Plus précisément, nous observons une augmentation de l'incidence de l'anxiété, des troubles de l'humeur, de la toxicomanie, de l'automutilation et des tentatives de suicide chez les filles, alors qu'aucune tendance de ce genre n'émerge chez les garçons. (...) De plus, nous observons que l'extension de la connectivité par fibre a conduit une plus grande proportion de filles à devenir émotionnellement dépendantes d'Internet, l'utilisant comme mécanisme d'adaptation aux émotions négatives[8]. » Isolement social, manque de sommeil, accroissement de la dissociation d'avec le corps, confrontation à des images pornographiques voire à des agressions sexuelles en ligne : la généralisation de l'accès à Internet grâce au smartphone, autour de 2010, a grandement fragilisé les adolescentes, population déjà vulnérable par ailleurs.

Ajoutant au sentiment de malaise vis-à-vis de leur corps, il se trouve que la puberté des jeunes filles a lieu de plus en plus tôt, en raison de notre exposition croissante aux perturbateurs endocriniens. Des filles de 10 ans, voire 8 ans, commencent à avoir des seins alors que leur maturité psychique est encore celle d'une enfant. Dans un contexte sociétal de banalisation de la pornographie et d'hypersexualisation du corps des femmes, cette précocité physique peut être terriblement angoissante.

Événement dévastateur en termes de santé psychique, le confinement a entraîné une inflation de demandes de transition de genre. Comme l'explique la psychiatre Anne Perret, on peut imputer ce phénomène à l'isolement des jeunes et un usage massif du web. C'est d'ailleurs fin 2021 qu'est apparu en France le réseau Ypomoni qui regroupe des parents dont les enfants, âgés de 13 à 16 ans sauf exception, ont fait une demande de transition sans aucun signe avant-coureur. Ces jeunes ont commencé à se dire transgenre pendant ou juste après le confinement.

Tous me décrivent des jeunes filles (et une minorité de garçons) qui ont des difficultés dans leurs relations sociales. Certaines « présentent des traits autistiques », « n'ont pas d'amies », une autre « est en décalage avec les autres, n'a pas les mêmes centres d'intérêt et ne sort jamais de chez elle, faute de copines à aller voir. Elle a des difficultés scolaires, se sous-estime, se sent différente des autres. » Ou encore « elle est victime de harcèlement scolaire, et souffre de la pression sur les notes qui s'exerce dans son collège très strict. C'est le vilain petit canard de sa classe. »

Dans tous les cas, l'annonce de la transidentité prend les parents de court. Selon eux, rien ne le laissait présager. Ce discours est inattendu dans le sens où il est soudain, mais aussi du fait d'un caractère artificiel, plaqué, comme appris par cœur et recraché tel quel. « Elle a toujours été féminine, assumé le fait d'être une fille, et elle continuait à avoir une attitude de fille tout en disant qu'elle était un garçon. Cela ne correspond à rien. Comme le fait de se dire « pansexuelle, alors qu'elle a 13 ans et n'a jamais embrassé personne », explique Marie, autre membre du groupe. Nathalie raconte d'ailleurs que sa fille de 17 ans se dit « lesbienne » alors que tous ses coups de cœur ont été des garçons. Ces jeunes se gargarisent de mots et collectionnent les qualificatifs, qui ne correspondent parfois à aucune réalité, ne sont visiblement pas l'expression sincère de leur vécu : « Elle parlait comme Wikipédia, sans ressenti », décrit Marie.

Influencés

Toutes les membres d'Ypomoni avec lesquelles j'ai discuté décrivent l'influence qu'une autre jeune personne transgenre a eue sur leur enfant. Elisaveta par exemple ne peut que faire le lien : le désir de transition a commencé à s'exprimer chez sa fille après qu'elle a noué une amitié fusionnelle avec une autre adolescente qui s'identifiait comme garçon. Très vite, la jeune fille a changé de fréquentations et ne s'entourait que de jeunes trans. La fille d'Elisaveta était alors en 1re au lycée Fénelon, à Paris, où sa mère a observé l'existence d'un groupe : « Ils sont quatre dans sa classe. »

Dans la même logique, Laure s'est rendu compte trop tard que sa fille Sophie était sous l'influence d'une monitrice de la maison de jeunes qu'elle fréquentait toutes les semaines, une jeune femme de 24 ans dont rien ne peut, à première vue, laisser présager la transidentité et qui a proposé des cours particuliers de soutien à la jeune fille. Quelques mois plus tard seulement, Laure a appris par incidence que toute la maison de jeunes, réputée « alternative et inclusive », appelait Sophie par un prénom masculin et que sa sœur de 9 ans était rudement vilipendée si elle ne respectait pas « le genre » de sa grande sœur. La mère des deux filles a demandé un entretien avec cette encadrante et le directeur de l'établissement, outrée que ces personnes lui aient caché cette information sur sa fille. La jeune monitrice était glaciale, autoritaire, et a lancé à la mère de Sophie : « Vous avez mal assigné votre fille à la naissance. Vous n'avez pas su écouter sa souffrance, moi j'ai su. » En colère et blessée, inquiète à l'idée que sa fille puisse entamer un traitement hormonal, Laure a retiré ses enfants de la structure. Quant à la youtubeuse Sacha, elle révèle ne plus avoir de contacts avec ses parents. Elle a pour seule famille une sœur doctorante en études de genre.

La médecin Lisa Littman, alors chercheuse auprès de la Public Health School de l'Université de Brown (Rhode Island), a mis en lumière ce qu'elle appelle la dysphorie de genre à apparition rapide (ROGD : *Rapid Onset Gender Dysphoria*). Pourquoi une jeune fille de 16 ans, qui n'a jamais exprimé de trouble de l'identité, en vient-elle soudainement à vouloir changer de prénom, être genrée au masculin, abîmer sa voix irrémédiablement, compresser puis mutiler ses seins ? Pourquoi une telle diffusion sociale ? La Dr Lisa Littman a interrogé 256 parents d'adolescentes

(82,8 % sont des jeunes filles) de 16,4 ans en moyenne. Dans 86,7 % des cas, il a été reporté une utilisation accrue d'Internet et des réseaux sociaux, et l'appartenance à un groupe d'amis qui a entamé une transition de genre durant la même période. Un quart de ces adolescentes ne fréquentait plus de personne non-trans, et près de la moitié a pris des distances notoires avec sa famille[9]. La psychanalyste et autrice américaine Lisa Marchiano[10] établit un parallèle entre les groupes d'amis, en ligne ou dans les lycées, qui deviennent transgenres par émulation, et les groupes apparus dans les années 2000 qui encourageaient les jeunes filles à devenir anorexiques : les collectifs « pro-ana » et la « thinspiration ».

Les adolescents, filles et garçons, sont programmés pour être influencés par leurs pairs, et on explique cela par des raisons physiologiques. Le cerveau des adolescents est en pleine évolution, et toutes ses fonctions n'évoluent pas à la même vitesse. Les zones cérébrales qui contrôlent la prise de décision rationnelle se forment lentement, plus lentement que celles qui activent le système de récompense socio-émotionnelle. À cet âge, l'affectif est plus développé que le rationnel, pour schématiser. Garder des liens étroits avec son groupe d'amis est récompensé par le cerveau, qui s'en fiche encore pas mal d'avoir pris une décision sage. Résister à la pression des pairs est donc très difficile pour ces jeunes, bien plus que pour les adultes.

Si le sentiment d'exclusion est douloureux pour chacun d'entre nous, il est terrible pour les adolescents, qui ne savent pas encore correctement utiliser leur cortex préfrontal ventrolatéral – la zone qui réduit l'anxiété face à des opinions défavorables, qui n'est pas encore arrivée à maturation. Dans ces conditions, la désapprobation des pairs et l'isolement sont des sentiments insupportables pour l'adolescent qui peuvent l'amener à adopter des comportements à risques. C'est pour cette raison que certains États des États-Unis ont mis en place des restrictions ciblées pour les jeunes conducteurs : en Oregon par exemple, quand un jeune obtient son permis de conduire, il n'a pas le droit d'accepter de passager de moins de 20 ans pendant les 6 premiers mois. Il a en effet été démontré que, sous le regard de ses pairs, les adolescents et jeunes adultes sont plus susceptibles de prendre des risques inconsidérés. Et nous verrons que la transition hormonale et chirurgicale peut s'inscrire dans cette réalité.

Les adolescents d'aujourd'hui sont plus isolés que jamais. Ils confient leurs incertitudes et états d'âme non pas tant à leurs copains et copines, mais aux moteurs de recherche.

Le jeune auteur du compte Instagram *Bienveillance en spray* raconte qu'il a demandé à Google : « Pourquoi parfois j'ai envie de couper mes seins ? » La réponse qu'il a reçue ? « Tu es trans. » Les jeunes qui souffrent de dépression, de haine de leur corps, de tendance à l'automutilation demandent conseil à Google, et là, des influenceurs de leur âge leur répondent : bienvenue au club !

Chase Ross est lui aussi passé d'influencé à influenceur. Il a publié près de 900 vidéos sur sa chaîne YouTube, *UppercaseChase1*, qui compte 172 000 abonnés.

Il raconte à la journaliste Abigail Shrier qu'il s'est toujours senti à part, différent des autres. À quinze ans, alors qu'il regardait mollement des vidéos de chat, il tombe sur le contenu d'un influenceur trans. « Hypnotisé », il a « compris le sens de sa vie ». La jeune Chase était en fait un garçon trans. « Une fois que j'ai compris que j'étais trans, raconte-t-il, j'ai eu envie d'en parler, et comme je n'ai pas de quoi me payer une psychothérapie, j'ai décidé de parler tout seul et de poster les vidéos en ligne[11]. » Sa chaîne YouTube était née. La jeune femme trans-identifiée y décrit sa transformation physique par le menu détail, livre ses comptes rendus quant à des sex-toys pour personnes trans comme les influenceuses beauté testent des produits de maquillage. Chase a un regard captivant, son charisme et son aisance face à la caméra sont indéniables. Combien d'adolescents et adolescentes en détresse ont acquis la conviction d'être trans en le regardant ? Beaucoup, certainement.

Les plateformes comme YouTube, Instagram ou TikTok sont des usines à adolescentes transgenres. Sur la chaîne YouTube *Heycolanda*, deux jeunes femmes de l'Illinois qui s'identifient comme non-binaires expliquent « comment savoir si tu es non-binaire ». Elles supposent que de nombreux jeunes épluchent le web en quête de réponse sur leur identité – ce en quoi elles ont absolument raison. Raisonnement circulaire aidant, elles expliquent : « Si vous avez cliqué sur cette vidéo, c'est sûrement que vous vous posez des questions. C'est un indice. » De nombreux jeunes se posent des questions sur qui ils sont, et les influenceurs trans leur donnent des réponses. Autre indice d'une transidentité, selon le couple de youtubeuses : le sentiment de connivence (« *kinship* ») avec des non-binaires sur Internet. Or ces jeunes femmes sont exactement les filles cool et jolies auxquelles toute jeune fille peut avoir envie de s'identifier. Elles sont si sympathiques que le sentiment de complicité est immédiat. Comme Chase Ross et nombre d'influenceurs trans, Col elle-même a compris qu'elle était transgenre en écoutant des témoignages sur YouTube. À son tour de passer le flambeau.

En France, le comédien transgenre Océan diffuse l'idée que « c'est génial d'être trans » sur les chaînes de télévision publique. On le voit s'injecter de la testostérone dans des moments de complicité entre amis et s'entraîner à la salle de sport : « Il faut y aller[12] ! » La transition hormono-chirurgicale est présentée comme un changement de vie inoffensif et dans tous les cas positif. L'incitation est claire. La maquilleuse néerlandaise Nikkie de Jagger n'est pas moins franche dans sa volonté de pousser des enfants à demander une transition de genre, comme elle l'a fait elle-même : « Je veux être une inspiration pour les petites Nikkies à travers le monde qui ne se sentent pas à leur place, qui sont incomprises. En étant debout, en étant moi, je veux inspirer d'autres personnes à faire la même chose, à vivre votre vie comme vous le souhaitez. Ce monde a besoin de nous. »

En plus des influenceurs, les groupes de pairs en ligne jouent un rôle important dans l'émulation et l'enfermement dans la conviction que la transition est la seule voie. Les jeunes patientes, briefées par leurs copines,

« arrivent en consultation avec un discours étrangement stéréotypé, appris sur les réseaux sociaux[13] », d'après l'expérience clinique de Caroline Eliacheff et Céline Masson. Elles « arrivent en consultation en sachant quoi dire pour obtenir des hormones », déplore Alexander Korte. De façon paradoxale, ces jeunes ont le sentiment de se jouer des adultes, avec un sentiment grisant de liberté, mais qui les enferme dans un protocole de soins contraignant – et dans la dépendance à des médecins.

Kathleen Stock décrit de jeunes transgenres évoluant dans des groupes qui « alimentent la fiction », et évitent toute personne qui ne les approuverait pas. Dès l'annonce de la transidentité, elles sont acclamées, félicitées pour leur courage, trouvent la reconnaissance et les preuves d'amour qui manquaient à leur vie. Sur les réseaux sociaux, les jeunes transgenres se racontent, se mettent en scène, créent cet avatar d'eux-mêmes qui reçoit de l'amour. De nombreux adultes qui ne souffrent d'aucun trouble sont accros aux « *likes* ». Il a été montré que ces démonstrations d'attention libèrent de la dopamine, et que le cerveau fera tout pour retrouver cette sensation de plaisir. Chez les adolescents, ce processus est décuplé, d'autant plus que les démonstrations d'attention de leurs pairs visent leur construction d'eux-mêmes. « Aimez-vous la personne que je choisis de devenir ? » C'est addictif et renforce la mise à distance du corps. La conscience de soi se met à habiter cet avatar acclamé en ligne, bien plus que le corps dans ses sensations et sa subjectivité.

« Ça me donnait un sentiment d'appartenance. C'est très fun. Quand tu fais ton coming out, (...) les autres trans sur Internet te disent : "Bravo, on est avec toi."

J'aimais ce côté-là, appartenir à un mouvement, parce qu'à l'école, ce n'est pas si facile d'avoir un sentiment d'appartenance », explique Clara, une jeune femme qui a entamé une transition avant de revenir en arrière, à une journaliste de *Radio Canada*[14].

Dans ces groupes, les jeunes franchissent les étapes de la révélation du nouveau prénom ou des pronoms (« maintenant c'est il, elle, iel, ael... »), arborent un binder ou des cicatrices comme autant de rites de passage. Ils liront et entendront *ad nauseam* des formules comme « *you are valid, your identity is real* », traduites maladroitement par « tu es valide, tu es réel ». C'est un cocon d'amour inconditionnel, du moins tant qu'on ne pose pas de questions.

J'ai souvent entendu les mots « emprise sectaire » à propos du mouvement transactiviste, que ce soit dans la bouche d'anciennes militantes pour les droits des trans ou de parents de jeunes transgenres. Une mère du réseau Ypomoni est frappée du caractère mystique des propos de son fils qui, avec la transition « va vers un truc céleste », avec la formule « je vais vers mon bonheur ». Elle parle de « radicalisation ». Une autre ne reconnaît pas sa fille, qui est parfois « comme possédée ». Le fait que le groupe procède à l'isolement d'une personne vis-à-vis de sa famille est ici caractéristique.

Rupture avec le milieu familial

Ceux qui leur opposent une contradiction sont rejetés avec fureur, même la famille proche est dépeinte comme nuisible et malintentionnée. La psychothérapeute française Nathalie (qui souhaite rester anonyme) pâtit elle-même de ce rejet, sa propre fille s'identifie comme transgenre depuis ses 17 ans et dénonce le fait d'être appelée par son prénom comme une violence.

D'après les témoignages que j'ai collectés auprès du collectif Ypomoni, un parent qui continue d'appeler son enfant par son prénom sera considéré comme « transphobe » et « fasciste ». Une mère entendra « t'es qu'une cisgenre » au détour d'une dispute, ou pire, « tu n'acceptes pas mon genre » comme justification à une tentative de suicide ; comme si une adolescente pouvait commettre un geste aussi grave simplement parce que sa mère, qui accepte son orientation « pansexuelle » et tout changement de look, se dit incapable d'appeler sa fille « Elliot ». Appeler sa fille « ma puce » devient une agression transphobe, ainsi qu'envoyer à son fils des articles qui expliquent les risques sanitaires de la transition médicale. Cette mère prévenante a été de ce fait ridiculisée par son propre fils sur Twitter dans un fil dénonçant des « parents fachos ».

La communauté trans présente sur le web incite les mineures à rompre avec des parents qui n'applaudiraient pas un changement d'identité et des mutilations. Sur la chaîne YouTube de *XY Média*, « le plus grand média transféministe en France », Isaac*, jeune fille mineure trans-identifiée, raconte qu'elle s'est procuré de la testostérone auprès d'une personne qui « a des ordonnances » en faisant un appel sur Twitter. Ses parents ne voulaient pas la laisser entamer une transition médicale à 17 ans, ce en quoi ils sont dans la légalité, et ils devaient certainement refuser d'appeler leur fille par un nouveau prénom masculin. Sans donner aucun détail factuel, Isaac témoigne du fait qu'elle a dénoncé des « violences verbales transphobes » de la part de ses parents au 119, et qu'un juge l'a placée en foyer de l'ASE. Les parents ont conservé la garde de la jeune fille, qui juge que la situation n'a « pas été suffisamment prise au sérieux ».

En arrivant au foyer, Isaac a été reconnue par un jeune qui l'avait vue sur les réseaux sociaux. Tout le monde l'a acceptée en tant qu'homme trans, personne n'a eu de comportement déplacé à son encontre. « Dans mon lycée on est pas mal de personnes trans, j'ai juste suivi le groupe, j'ai dit "ben moi je voudrais qu'on m'appelle comme ça", il y a toujours des gens curieux, mais personne ne m'a manqué de respect ou nié mon identité. » Comme les membres d'Ypomoni, les parents de cette jeune fille sont seuls face au reste du monde.

L'association Chrysalide détaille sur son site l'ensemble des droits des personnes mineures et les recours possibles en cas de violation de ces droits : le numéro 119 et un éventuel placement en foyer. Il est fondamental que les adolescents connaissent leurs droits, mais Chrysalide, au milieu d'informations justes et complètes, affiche dans un encadré que la transphobie se manifeste par « la négation de l'identité de genre d'autrui, le refus d'accepter comme réels ses besoins en termes de transition ». Chrysalide est une association reconnue, la publication de ses livres et brochures (notamment *Devenir Florence*, sur un homme qui n'ose pas dire à sa conjointe qu'il « aime porter des vêtements de femme ») est co-financée par le ministère des Solidarités et de la Prévention, la Région Rhône-Alpes et la Ville de Lyon.

Quel est le rôle de l'Éducation nationale ?

L'État et les pouvoirs publics dans leur ensemble sont loin de se montrer critiques face à l'idéologie qui prône la transition de genre. Le 29 septembre 2021, le ministre Jean-Michel Blanquer publie une circulaire : « Pour une meilleure prise en compte des questions relatives à l'identité de genre en milieu scolaire. » Cette publication énonce que « la transidentité est un fait qui concerne l'institution scolaire. Celle-ci est en effet confrontée, à l'instar de leur famille, à des situations d'enfants – parfois dès l'école primaire – ou d'adolescents qui se questionnent sur leur identité de genre. » On ne prend pas la peine de détailler la notion de « genre ». L'Éducation nationale, qui a parfaitement assimilé l'existence du genre, encourage l'accès de chaque élève à des « toilettes et vestiaires conformes à son identité de genre » et à une « chambre dans une partie de l'internat conforme à son identité de genre ». Le ministère recommande aux enseignants d'éventuellement cacher la transition de genre d'un élève à ses parents : « Si l'élève fait seul la démarche d'aborder la question de son identité de genre auprès d'un personnel de l'établissement, une communication avec les représentants légaux ne doit se faire qu'avec l'accord explicite de l'élève. »

L'institution défend l'idée que la transidentité serait de la même facture que l'homosexualité. Parmi les associations agréées qui interviennent en milieu scolaire, l'une d'elles affirme que la transidentité n'est « ni une maladie, ni un trouble psychologique ». Certes, mais dans la mesure où une demande de transition peut cacher une réalité psychologique sous-jacente compliquée, n'y a-t-il pas un risque à mettre les personnes concernées en danger en affirmant qu'il n'y a rien à soigner et qu'il n'est « pas nécessaire de chercher une réponse à la question » de l'origine de la transidentité, et qu'« au contraire, cette volonté de savoir pourra vous ralentir dans votre cheminement vers l'acceptation » ?

Les associations menant un intense lobbying institutionnel sont nombreuses. Or, parmi les structures qui prônent la « non-binarité » et la transition de genre dans les établissements scolaires, on trouve le célèbre Planning familial, qui « s'engage à promouvoir » des parcours de transition de genre « dépsychiatrisés » – à savoir qu'une jeune fille de 13 ans atteinte d'autisme et d'un trauma complexe doit pouvoir se faire couper les seins sans que personne ne s'enquière du risque qu'elle court de regretter ce geste par la suite. Dans son « lexique trans », le Planning explique aux adolescentes et adolescents qu'« à la naissance, les médecins *décident*, selon des normes de longueur du pénis/clitoris, si l'individu est un garçon ou une fille ».

III

L'invention d'une minorité

Si le terme d'identité de genre n'a pas de définition stricte, s'il ne repose pas sur des données tangibles, alors il est impossible de déterminer qui est transgenre et qui ne l'est pas. De fait, les cas de figure sont extrêmement variés. Toutes les personnes transgenres n'ont pas pour souhait que chaque homme puisse aller dans les espaces réservés aux femmes. Certains, comme les influenceurs Blaire White ou Buck Angel, ont parfaitement conscience de ne pas être une femme, pour le premier, et un homme, pour le second, au même titre que les femmes et hommes biologiques ; de même que les membres du collectif « l'Être trans » Madeline Le Pollès et Anaïs de Fursac. Dans *Material Girls,* la philosophe Kathleen Stock écrit que « toutes les personnes transgenres ne vivent pas dans la fiction selon laquelle elles appartiendraient à l'autre sexe », en citant les exemples de Debbie Hayton, Miranda Yardley et Fionne Orlander[1]. Ce que revendiquent ces personnes ? Ne pas être victimes de violences de la part des hommes, ni non plus de discriminations au logement ou à l'emploi. Elles veulent mener leur vie de façon paisible, tout simplement.

Depuis une quinzaine d'années seulement, une nouvelle minorité a émergé : l'appellation « transsexuel » a été remplacée par « personnes transgenres », on devient désormais trans par simple déclaration. En plus de s'imposer par un discours qui ne supporte pas la controverse, cette minorité alimente sa victimisation par deux mythes qui sont largement acceptés par l'opinion.

« La transition de genre est un remède au suicide »

Sur *XY Média*, la personne qui anime le compte Instagram *@transnoir* alerte le public dans des termes qui rappellent la verve (alors nécessaire et justifiée) d'Act up à propos des malades du SIDA : « Nos parents nous empêchent de transitionner, nos parents nous empêchent de vivre, et c'est dangereux, mes amis font des TS (tentative de suicide). Mes amis meurent, en fait... Ce monde nous tue. » Les témoignages de ce type sont légion, et l'argument est une constante.

« Les parcours médicaux de transition restent une question centrale pour les personnes trans, parfois une question de survie, dans un contexte de sur-suicidalité dans cette population. » L'énoncé attribue la « sur-suicidalité dans cette population » à une insuffisance dans les parcours de transition. C'est sur Olivier Véran, alors ministre des Affaires sociales et de la Santé, que s'abat cet argument massue extrait du « Rapport relatif à la santé et aux parcours de soins des personnes trans » remis en janvier 2022. Les deux auteurs sont le Dr Hervé Picard et Simon Jutant, alors responsable du plaidoyer et depuis codirecteur de l'association militante Acceptess-T.

Les professionnels de la santé qui suivent la population transgenre subissent directement l'influence de ce discours : en formation pour préparer le diplôme interuniversitaire (DIU) de « prise en charge de la transidentité », les étudiants des universités Paris VII, Lyon I, Bordeaux II et Aix-Marseille II reçoivent la visite de quatre fondatrices d'associations qui évoquent le « trop grand nombre de personnes qui se donnent la mort ».

Un chiffre revient sans cesse : 41 %. Ce serait la proportion de personnes trans qui commettrait une tentative de suicide ou mettrait fin à ses jours au cours de sa vie. Absolument gigantesque, ce chiffre, comme d'autres tout aussi effrayants, est constamment brandi pour défendre la transition de genre. Les personnes trans sont hautement susceptibles de se suicider, et un seul remède existe : la transition. Accepter l'identité de genre de quelqu'un, c'est contribuer à lui sauver la vie. *A contrario*, si vous persistez à dire « il » en parlant d'un homme trans-identifié, vous mettez cette personne en danger. Le suicide d'un élève transgenre au lycée Fénelon de Lille, fin 2020, trouve une explication simple dans le discours défendu par *@transnoir* : « C'est choquant que des personnes se suicident parce qu'on ne les appelle pas par le bon prénom. »

Lorsque des parents hésitent à laisser leur enfant entamer un parcours de transition médicale, les médecins trans-affirmatifs utilisent ce chiffre pour les pétrifier. « Si vous ne me laissez pas faire, votre enfant a de fortes chances de se suicider. Vous préférez avoir un fils vivant ou une fille morte ? »

Or, il ne semble pas inutile d'interroger le lien de causalité entre risque suicidaire et accès aux droits. Réduirait-on le taux de suicide frappant cette communauté en accédant aux revendications des organisations transactivistes ?

La suicidalité d'un groupe social doit être étudiée de façon indépendante de ses revendications politiques. Un changement législatif concerne l'ensemble d'une société et engage la vision collective de ce qui est juste. Il ne devrait pas être une réponse à une détresse psychologique, en tout cas pas uniquement.

Sur le compte Instagram *@Aggressively_trans* de Lexie, l'un des plus influents en France sur le sujet, on peut lire : « D'après une étude de Louis Bailey menée en 2014, les étapes de transition sociale, quand elles sont faites tôt et reçues avec respect, permettent de require (*sic*) presque entièrement les tentatives de suicide des personnes trans. » Lexie fait référence à un travail de recherche sur la santé mentale des personnes trans au Royaume-Uni. Selon cette étude, ces personnes souffrent d'un taux de suicidalité impressionnant : 84 % d'entre elles ont déjà eu des idées suicidaires au cours de leur vie. « Un environnement qui accompagne la transition sociale et un accès à une réassignation de genre sans délai, si elle est désirée, est un facteur déterminant dans la prévention. » En consultant cet article en ligne, on lit toutefois que « ces résultats ne sont pas représentatifs de l'ensemble de la population ». On peut aussi remarquer dans la marge cette mention éloquente : « Ce travail a reçu le soutien du Scottish Transgender Alliance et du Trans Resource and Empowerment Centre (TREC). » Ce n'est donc pas un travail de recherche mené de façon indépendante. Comme d'autres travaux touchant aux enjeux LGBT, cette étude est le fruit d'un « *community-based research project* ». Concrètement, les chercheurs qui ont mené ce travail font partie du groupe social qu'ils et elles étudient et sont animés par la volonté d'un changement social. Ils ont fait appel à leurs réseaux pour transmettre leurs questionnaires de façon virale. Cela signifie qu'il n'y a pas de randomisation de l'échantillon de population interrogé. Il est très probable que la proportion de personnes partageant les mêmes opinions soit trop importante pour que l'échantillon puisse être jugé représentatif, et donc l'étude considérée comme fiable.

« Au total, 67 % des répondants étaient davantage suicidaires avant leur transition qu'après, et seulement 3 % étaient davantage suicidaires après leur transition. » Ces chiffres ne nous disent pas si la réduction des idées suicidaires est une conséquence de la transition de genre ou bien d'une psychothérapie, d'un changement d'environnement ou d'une insertion professionnelle par exemple. Et l'on peut se demander si une personne qui reste ou devient suicidaire après une transition de genre est susceptible d'être liée à la communauté transgenre diffusant ces questionnaires.

Une autre étude sur les facteurs de risque de suicide chez les personnes transgenres a été menée en 2015 au

Canada, à l'initiative du Sherbourne Health Centre de Toronto, clinique de soins qui propose un accompagnement à des « clients trans ». La portée militante de ce projet, qui va de pair avec son utilité commerciale, est parfaitement assumée : « Les membres de la communauté trans et leurs allié-es ont sélectionné des chercheurs-ses (...) sur la base de leur expertise et de leur capacité à être des allié-es de la communauté. » Une autre étude d'envergure a été menée la même année, aux États-Unis cette fois, par la School of Law Williams Institute de la prestigieuse université UCLA, en Californie. C'est de cette étude que provient le chiffre de 41 %. La *U.S. Transgender Survey* (USTS) se présente comme le travail de recherche le plus vaste jamais entrepris sur la population transgenre aux États-Unis. Le résultat de l'enquête affirme que « les personnes qui ont demandé et obtenu une thérapie hormonale et/ou des interventions chirurgicales présentent un risque substantiellement moins élevé de suicide ». Le Williams Institute a quant à lui vu le jour grâce à la donation du mécène Chuck Williams. Il se présente comme un centre de recherche et publie régulièrement des articles, mais c'est aussi une organisation militante, engagée dans un travail de lobbying de haut niveau. L'on peut relever, à titre d'exemple, la défense de l'accès des personnes transgenres aux toilettes publiques des personnes du sexe opposé.

Le blog *4th Wave Now*, remarquable d'exigence, pointe le fait que l'étude n'explore aucune autre cause possible, comme des troubles psychiques ou le fait d'avoir été victime d'agressions ou de viols. Plutôt que la transidentité et sa prise en charge sociale, ne peut-on pas suggérer que ce sont les maladies psychiques qui poussent au suicide ? Enfin, une question essentielle est éludée : les idées suicidaires sont-elles survenues avant, pendant ou après la transition ? Aucune réponse n'est apportée.

De nombreuses études indépendantes montrent de façon certaine, en revanche, que la population transgenre est très fortement touchée par la psychopathologie. Au moins 70 % de ces personnes souffrent de troubles psychiques présents avant la transition. Une étude publiée en janvier 2022 sur la base des données du Gender Identity Development Service (GIDS) au Royaume-Uni montre un taux de suicide des jeunes transgenres de 0,03 % sur une période de 11 ans[2]. Ce taux de suicide est 5 à 6 fois plus important que celui de la population générale au même âge. Or, les jeunes qui souffrent de troubles psychiques analogues – et qui ne s'identifient pas comme transgenres – présentent le même taux de suicide[3]. Être transgenre n'est pas, en soi, un facteur à risque. En outre, aucune étude indépendante n'a montré que la transition médicale à l'adolescence serait efficace contre des troubles comme la dépression, l'anxiété, l'image déformée de son corps, la dysphorie de genre ou les difficultés dans les interactions sociales[4].

Si des psychologues ou médecins se focalisent sur la transidentité comme cause principale d'un mal-être, ils risquent de négliger des psychopathologies sous-jacentes. Or ces pathologies présentent un risque réel en termes de suicidalité, en plus de causer une souffrance qui peut être allégée grâce à un traitement adapté. Les adolescentes qui réclament une transition de genre sont en souffrance, personne ne songerait à le nier. La question qui se pose est celle de la solution qui doit être apportée à cette souffrance. Pour cela, il faut en explorer les causes. La transidentité est souvent le symptôme d'une ou plusieurs psychopathologies, il est donc essentiel d'identifier et soigner ce ou ces troubles, pour s'assurer du fait que la demande de transition n'était pas une échappatoire.

« La transphobie tue »

« Parfois je vois des femmes qui se moquent d'elle. Je la mets en garde parce que j'ai peur pour sa vie. » Dans le documentaire *Gabrielle ou le saut de l'ange* (Arte), la meilleure amie de Gabrielle, homme transidentifié, a peur que son ami soit tué en pleine rue par des femmes. Cette crainte renvoie à un discours omniprésent : extrêmement vulnérables, constamment en danger, les personnes concernées courraient un risque élevé d'être assassinées par transphobie. « La transphobie tue, y compris en France », affirme le magazine *Têtu*[5]. La Journée du Souvenir trans (*Transgender Day of Remembrance*), qui a lieu le 20 novembre, « est l'occasion de rappeler que les violences transphobes font un nombre incalculable de victimes chaque année », peut-on lire sur le site de l'Université de Sherbrooke, au Québec.

Les personnes transgenres sont-elles davantage victimes d'homicide que le reste de la population ?

Et si oui, est-ce que leur identité transgenre en est la cause ? Peut-on vraiment dire que « la transphobie tue » dans des proportions massives ou bien ce discours sert-il à la construction de la catégorie « trans » comme minorité dont le respect de chacune des revendications est une question de vie ou de mort ? Observons de plus près ce qu'il en est au Royaume-Uni et en France.

Le projet *Trans Murder Monitoring* comptabilise chaque meurtre de personne trans dans le monde depuis 2008. Il s'agit d'une coopération entre l'association Transgender Europe (TGEU) et le magazine en ligne *Liminalis – A Journal for Sex/Gender Emancipation and Resistance*, qui sont deux organismes de défense des droits des personnes transgenres.

Au cours de la période allant de 2008 à fin 2020, le nombre de personnes transgenres assassinées au Royaume-Uni est de 11. Le site web *Trans Crime UK* révèle que parmi ces homicides comptabilisés, 2 décès de personnes ont été ajoutés à la liste de façon erronée, il s'agissait en réalité d'un suicide et d'un décès accidentel. Nous comptons donc 9 homicides de personnes transgenres en 12 ans. Ces personnes sont toutes des hommes biologiques.

Le travail du site *Trans Crime UK* repose sur les statistiques du *UK Home Office*. Il apparaît qu'entre 2008 et 2016, le taux moyen d'homicide au Royaume-Uni était de 10,47 par million d'habitants. Le nombre officiel de personnes transgenres varie entre 0,2 % de la population (130 000 personnes) qui « font une demande de transition médicale » et 1 % de la population « concerné par une incongruence de genre » (650 000 personnes). Si l'on prend en compte le taux moyen de 0,7 homicide de personne trans par an et qu'on l'applique à l'estimation haute de 1 % de la population, on obtient un taux de 1 homicide pour un million d'habitants ; et si l'on prend en compte l'estimation basse (0,2 % de la population), le chiffre monte à 5 homicides pour un million d'habitants. Soit moitié moins que la moyenne nationale. Il est difficile d'établir des statistiques à partir de valeurs absolues aussi faibles, on ne peut cependant constater aucune surmortalité.

Par ailleurs, ces personnes ont-elles été assassinées en raison de leur transidentité ? S'agissait-il de crimes transphobes ? Pour le savoir, il nous faut donner quelques éléments sur chacun des meurtres.

En 2009, Destiny Lauren, prostituée, est tuée par un client qui lui a dérobé des biens matériels. Andrea Waddell, prostituée, est violée et tuée par un homme qui avait déjà violé une autre prostituée le même jour. En 2010, Sonia Burgess, Londonienne et avocate en droit international de renom, est assassinée par Senthooran Kanagasingham, un homme qui déclarait souffrir de dysphorie de genre et voulait passer pour une femme – il était profondément envieux du parcours de Sonia. Les deux personnes étaient amies, et Sonia Burgess s'inquiétait des effets de la prise de testostérone sur la santé mentale de Kanagasingham. Peu de temps avant le meurtre, elle avait révélé à un proche qu'il devenait psychotique et « allait bientôt exploser ». Tous deux revenaient de chez le médecin auprès de qui

Sonia Burgess a exprimé ses inquiétudes quant à la santé mentale de son ami. Sur le chemin du retour, alors qu'ils attendaient le métro, Kanagasingham a poussé Sonia Burgess sous la rame. En 2011, Suzie Morl, personne atteinte d'un handicap, est assassinée par un couple de toxicomanes qui l'ont d'abord escroquée en vidant son compte courant pour se procurer de l'héroïne et autres substances illicites. Le couple l'a poignardée et a caché son corps dans leur salle de bains dans le but de toucher ses allocations de personne handicapée à sa place. En 2012, Chrissie Azzopardi est tuée par son dealer, à qui elle devait une importante somme d'argent. En 2015, Vanessa Santillan, prostituée, est tuée par son proxénète avec qui elle vivait en couple. En 2016, William Lound est assassiné par un homme sans abri qui souffrait d'une forme de schizophrénie paranoïde non traitée et qui était sous l'emprise de drogues. En 2018, Naomi Hersi est tuée par un homme qu'elle a rencontré sur un site de rencontres libertin. Tous deux ont passé trois jours ensemble, consacrés à la prise de drogues et aux relations sexuelles. Le procès du meurtrier a établi le fait qu'il savait qu'il s'apprêtait à rencontrer une femme transgenre non opérée, et qu'il recherchait justement une « expérience transgressive (*edgy*) ». C'est donc un meurtre motivé par la déshumanisation, le sadisme et la fétichisation sexuelle dirigés spécifiquement et consciemment contre une personne transgenre.

En 2019, Amy Griffiths est assassinée par un « ami » qu'elle avait rencontré en ligne, Martin Saberi. Le meurtrier s'était rendu coupable d'une tentative de meurtre sur une femme trois jours auparavant. Les deux agressions sont particulièrement violentes, dans le premier cas Saberi a poignardé sa victime au cou, dans le deuxième cas, il l'a tuée à coups de batte de base-ball. Martin Saberi avait déjà été condamné pour l'agression sexuelle d'une femme en 1993 et le braquage d'une bijouterie en 2000.

Cet homme est de façon manifeste extrêmement violent et sadique envers les femmes, et semble avoir accablé Amy Griffith de la même haine misogyne que dans les précédents cas. Le magistrat qui a jugé le meurtre d'Amy Griffith n'a pas retenu la transphobie comme circonstance aggravante. Deux cas supplémentaires ont été comptabilisés par le site du *Trans Murder Monitoring*, alors qu'ils ne sont pas des homicides : le suicide de Vikki Thompson en 2015 et le décès de Jacqueline Cowdry en 2013, considéré par la police comme résultant d'une cause naturelle. Parmi les homicides de personnes trans commis depuis 2008 au Royaume-Uni, seul le meurtre de Naomi Hersi peut être considéré de façon univoque comme un crime de haine transphobe, la victime ayant été choisie selon ce critère.

Chrissie Azzopardi et William Lound, en revanche, ont été tués par leur dealer pour une question de dette non réglée. Suzie Morl a été victime de toxicomanes qui avaient un besoin urgent de trouver de l'argent. Elle a été visée en raison de sa vulnérabilité, en tant que personne handicapée. Vanessa Santillan, Destiny Lauren et Andrea Waddell étaient des prostituées, une population particulièrement exposée à la violence masculine, avec au Royaume-Uni un risque 18 fois plus élevé d'être assassinées que la population féminine générale. Elles étaient de plus exposées au racisme. Il est difficile d'isoler le facteur de transphobie lorsque les victimes font partie de l'une des catégories de population les plus marginalisées et exposées à la violence misogyne et raciste. Quant au meurtre de Sonia Burgess, il a apparemment été motivé par le délire paranoïaque d'une autre personne trans qui enviait son apparence féminine. Son assassin ne l'aurait pas tuée si elle n'avait pas été transgenre, mais la notion de transphobie est ici difficile à appliquer.

En France, sur la même période (2008-2020), le site a dénombré 9 victimes d'homicides. Depuis fin 2020, deux victimes supplémentaires sont à déplorer. Nous n'avons trouvé d'informations qu'à propos de 7 d'entre elles. En 2012, Cassandra, prostituée d'origine péruvienne, est assassinée près de Rouen. C'était une personne particulièrement vulnérable, socialement isolée et qui souffrait de problèmes de santé. L'affaire a été classée. En 2016, Lorena, prostituée d'origine péruvienne également, est assassinée à Rouen. L'accusé avait déjà commis des agressions à l'arme blanche contre une prostituée sud-américaine transgenre en 2015. En 2016, Niurkeli, une prostituée équatorienne qui vivait à Paris en situation de grande précarité, est tuée lors d'un déplacement à Nantes. En 2018, Vanesa Campos, prostituée, est tuée au Bois de Boulogne. Le meurtre a eu lieu dans un contexte de violences entre une bande organisée qui dévalisait les voitures de clients pendant les passes, et un protecteur payé pour garantir le « bon déroulé » desdites passes. Vanesa Campos a tenté de s'interposer dans ce conflit entre hommes dont les motivations étaient purement crapuleuses, et a été tuée par l'un des braqueurs. En 2020, Jessyca Sarmiento, une prostituée péruvienne, est assassinée au Bois de Boulogne. L'année suivante, Paula, femme trans de 50 ans vivant à Reims, est violée et égorgée par un homme qui avait déjà commis une tentative d'homicide sur une prostituée transgenre. Le tueur a découpé ses vêtements et s'en est pris aux cheveux de la victime, il a donc été établi qu'il s'agissait d'un « meurtre aggravé en raison de l'orientation ou de l'identité sexuelle de la victime » : un meurtre transphobe. Ambre Istier, une quinquagénaire résidant en Isère, a été tuée de plusieurs coups de marteau à la tête. Elle avait exprimé sa volonté de mettre fin à ses jours et avait sollicité l'aide d'un homme, qui sera jugé pour assassinat, le geste ayant été prémédité.

En se référant au nombre de 863 homicides comptabilisés par le service statistique du ministère de l'Intérieur en France en 2020, et si on prend en compte le chiffre communiqué par l'association ORTrans (Objectif Respect Trans) de 15 000 personnes transgenres, alors on constate qu'en France le taux d'homicide est environ 5 fois plus élevé parmi la population trans.

Est-il pertinent d'établir une statistique à partir d'un chiffre aussi peu élevé, en valeur absolue, que 11 ? Parmi ces 11 victimes, au moins 5 (sûrement davantage) sont des prostituées étrangères, vraisemblablement victimes de la traite des êtres humains et isolées de leur famille. Les personnes en situation de prostitution souffrent d'un taux d'homicide bien plus élevé que celui de la population générale, et ces personnes étaient en outre victimes de racisme et dans une situation de grande vulnérabilité (isolement, déplacement). Il est impossible d'affirmer qu'elles ont été victimes de meurtres transphobes.

La journaliste britannique Sue Donym a fait la même recherche à propos des États-Unis. C'est l'organisation GLAAD, très active dans son lobbying en faveur des droits des trans, qui lui a fourni le nombre d'homicides de personnes transgenres en 2016 : 27, sur un total de 17 250 meurtres. Les hommes noirs sont malheureusement surreprésentés parmi les victimes. La journaliste a fait le calcul : « 27 meurtres sur une population (transgenre) de 1,95 million représentent un pourcentage de 0,0013 %. C'est-à-dire 1,3 individu sur 100 000. C'est trois fois moins que le taux de meurtre pour les femmes étasuniennes, et quatre fois moins que celui des hommes. » À l'instar de ce que l'on déplore en France, les 27 personnes transgenres assassinées aux États-Unis en 2016 étaient pour la plupart prostituées et noires. Aucun homme blanc de la classe moyenne n'a été tué après une transition de genre. Les statistiques du FBI révèlent que parmi les « crimes motivés par la haine », 1,7 % ont été motivés par l'identité de genre de la victime – et 16,7 % par son orientation sexuelle.

La minorité transgenre a rapidement obtenu des droits en comparaison d'autres minorités. En Argentine, en Irlande et à Malte, le « respect de l'identité de genre » est entré dans la loi avant le droit à l'avortement.

Souvenons-nous de la longueur et de la difficulté du combat des femmes pour obtenir l'autonomie financière ou le droit de vote. La « communauté transgenre » est à présent régulièrement représentée dans des médias unanimes quant à leur statut de minorité, les personnes transgenres peuvent changer d'état civil sur simple déclaration en France, Belgique, Espagne, Portugal, Irlande, Luxembourg, et même à Malte, où l'avortement est interdit même en cas de viol ou de risque mortel pour la femme.

La quasi-totalité du camp progressiste, dans les pays développés, jusqu'aux multinationales Google ou Netflix en passant par le Synode général de l'Église anglicane d'Angleterre qui veut permettre aux « personnes transgenres de marquer leur transition en présence de leur famille en Église[6] », les institutions sociales soutenant les revendications trans sont de plus en plus nombreuses.

IV

Transition hormono-chirurgicale : enjeux éthiques et sanitaires

La communauté transactiviste se plaint régulièrement d'une transition médicale qui serait « le parcours du combattant », alors qu'elle devrait être accessible sur simple demande, à tout âge.

Qu'en est-il réellement en France ? Tout d'abord, les patients concernés ont le choix entre deux parcours.

Le premier s'effectue dans des hôpitaux publics. Dans ce cadre, la transition sera entièrement remboursée par la Sécurité sociale, au titre d'une affection de longue durée (ALD hors liste / ALD 31). Seront entièrement pris en charge les traitements hormonaux, l'ablation des seins, de l'utérus, des ovaires ou de l'appareil génital masculin, les opérations de construction d'un organe censé ressembler à l'appareil génital de l'autre sexe, les augmentations mammaires pour les hommes trans-identifiés qui ne sont pas satisfaits de la taille de leurs seins après la prise d'œstrogènes, toute autre opération de « féminisation » du visage, et même l'épilation du torse au laser. Dans ce cadre, les mineurs ont besoin d'une autorisation de leurs parents.

En France, depuis le vote de la loi de « modernisation de la Justice » en novembre 2016, plus besoin d'intervention chirurgicale pour obtenir une modification de la mention du sexe à l'état civil. Le nombre de demandes de transition médicale connaît tout de même une nette augmentation. Selon les chiffres communiqués par la CPAM, en 2020 le nombre de personnes traitées pour une transition de genre était de près de 9 000, dont 3 300 nouvelles patientes et patients. Ces chiffres ont été multipliés par dix depuis 2013, et dans le même laps de temps, le nombre de demandes de chirurgie a quadruplé.

Entre 2012 et 2020, les demandes de prises en charge d'interventions chirurgicales ont été acceptées dans 62 à 74 % des cas [1]. La Société française d'études et de prise en charge de la transidentité (SoFECT), l'association professionnelle qui regroupe les médecins de l'hôpital public, est la bête noire des transactivistes. Leur détestation vient de ce qu'elle impose un protocole, notamment une consultation psychiatrique, « stigmatisante » et « pathologisante ».

« L'engagement des parcours doit reposer à l'avenir sur l'autodétermination des personnes et non plus sur l'évaluation psychiatrique d'un trouble de l'identité de genre », lit-on dans le rapport de recommandations au ministre Olivier Véran [2]. Le président de l'association transactiviste française Chrysalide assène dans un article du *Nouvel Obs* : « Le passage devant une personne qui vous juge me pose problème [3]. » Il poursuit sur son site : « Quand on est trans, on le sait, pas la peine de demander l'avis de qui que ce soit. »

Le discours convenu à propos de la transidentité assimile, nous l'avons vu, la transidentité à un état de fait inhérent à la personne, que seul le sujet peut reconnaître comme tel. Les transactivistes ont d'ailleurs l'habileté de l'assimiler à l'homosexualité – d'où le sigle : LGBT. Il est à présent accepté que l'homosexualité n'est pas une maladie et qu'on ne peut pas dissuader quelqu'un d'être homosexuel. Faute de connaissances, on acceptera l'idée qu'il en est exactement de même pour la transidentité. Ainsi, persuadés qu'ils sont les seuls à détenir la vérité sur eux-mêmes, les jeunes transgenres s'échangent sur Internet des coordonnées de praticiens : « Psy très cool, a donné l'attestation au 1er RDV. »

Afin de pouvoir choisir les médecins recommandés par leurs pairs, nombre de jeunes trans-identifiés se tournent vers le secteur privé. Ces professionnels de santé feront éventuellement des dépassements d'honoraires, mais au moins ils sont « *trans friendly* », « non transphobes », « *safe* », etc. En d'autres termes, ils donnent aux jeunes exactement ce qu'ils demandent. Ainsi la jeune Zac qui, à 15 ans, est trop jeune pour obtenir une ablation des seins dans le secteur public, se tournera vers une clinique privée. On la verra remercier ses chirurgiens sur le plateau de M6[4]. Deux médecins décrivent la mammectomie sur une adolescente comme une « opération comme une autre, mis à part que l'on enlève des organes qui ne sont pas malades ». Ils la justifient comme suit : « Au niveau symbolique, pour lui c'est important (...), pour aller se baigner, pour la plage, cela évite d'être gêné par le regard des autres. »

Nous ne disposons d'aucun chiffre officiel concernant les transitions dans le secteur privé. Nous savons tout de même que depuis la création d'équipes médicales spécialisées en 2013, la hausse du nombre de cas est spectaculaire. Au service d'urologie du Centre hospitalier Lyon sud, plus de 200 personnes se bousculent chaque année. Face à cet afflux, en mars 2020, l'hôpital privé Jean Mermoz a créé un nouveau service de transition médicale avec pour objectif de « réaliser 80 vaginoplasties et 20 phalloplasties par an et permettre aux patients d'être opérés dans l'année ». À Paris, la Pitié-Salpêtrière, l'Hôpital Robert-Debré et le Ciapa (Centre interhospitalier d'accueil permanent pour adolescents) accueillent des patients et patientes mineurs. Le pédopsychiatre Jean Chambry observe qu'en 10 ans, le Ciapa qu'il dirige est passé, pour la région Île-de-France, d'une dizaine de demandes par an à 10 demandes par mois.

Pour obtenir une ablation des seins, voire de l'ensemble de l'appareil reproducteur, les jeunes piochent les bons contacts en ligne. Tout d'abord, il s'agit de trouver des psychiatres qui leur donneront le sésame sans les embêter avec des « questions gênantes ». Le site *BDDTrans* a ainsi compilé une base de données qui réunit des coordonnées de médecins favorables, lesquels reçoivent des notes et font l'objet de commentaires.

En juin 2020, la youtubeuse Lydia*, âgée alors de 21 ans, filmait en direct pour ses abonnés son voyage à Lyon avec son amie Alex, 23 ans. Visiblement joyeux, le séjour s'apparente à un enterrement de vie de jeune fille : il s'agit de la « mammec » de Lydia, qui sera effectuée par un chirurgien star du web. Un an plus tôt, Alex publiait sur YouTube le « vlog de ma mammec ». Son père l'avait emmené à Lyon en voiture. Comme en colo, il a sympathisé avec un autre « garçon trans » qui a subi la même opération la veille. Déjà, Alex tressait des lauriers au chirurgien qui « opère même si vous n'êtes pas sous T » (testostérone).

De nombreux jeunes influenceurs affichent le résultat de leurs opérations comme la solution qui a mis fin à leur mal-être, TikTok abonde en vidéos de jeunes filles de 12 ou 13 ans qui montrent les larges cicatrices qui remplacent leurs seins. Et les compliments affluent : « Magnifique ! » ; « Trop jolies tes cicatrices ! »

Faute de moyens financiers suffisants, les mineures se tournent vers la collecte de fonds. Les cagnottes Leetchi peuvent financer une « mammec de Noël ». Le site compte 384 demandes de participation à une « mammec » aussi appelée « torsoplastie » : « Je cut cut mes nénés ! » ; « haut les mains, sans les seins ! » ; « Go to be un vrai petit garçon » ; « éradication des seins d'Ange ». Au niveau international, lorsqu'on tape « top surgery » sur la plateforme GoFundMe, on dénombre 45 758 résultats.

Le Planning familial est devenu un fer de lance du transactivisme, et ne se contente pas de discours. L'antenne de Grenoble est « un endroit connu pour donner des attestations et des ordonnances très rapidement, sans délai. Lors du premier rendez-vous avec le médecin, on ne m'a pas posé une seule question sur mon orientation sexuelle ou les agressions que j'ai pu vivre... J'ai eu immédiatement une ordonnance pour la testostérone. Ensuite, on m'envoyait mes ordonnances par mail et mes aiguilles par la Poste[5]. » Sur des groupes Facebook de parents d'enfants transgenres, on peut lire : « Petit retour sur notre premier rdv au Vinatier à Lyon avec la pédopsychiatre (...). Ce qui rassure, c'est que ce n'était plus des « procédures normalisées » pour savoir s'il s'agit réellement de transidentité (...) elle nous a donné la liste des autres praticiens avec qui prendre des rdv : endocrino et chirurgien. »

Lorsque ces transformations corporelles irréversibles concernent des personnes mineures ou vulnérables, il est de notre responsabilité collective de poser la question du bien-fondé de ces opérations, dans le but de protéger ces jeunes. Or, ce questionnement est empêché de deux façons : tantôt la transition médicale est présentée comme une nécessité vitale ; tantôt elle est simplement affaire de liberté individuelle, de vie privée, et elle est mise en parallèle avec la chirurgie esthétique.

Dans l'hypothèse où la transition médicale est une nécessité, alors on admet que la transidentité est une pathologie. Or, les transactivistes considèrent comme « psychophobe » toute personne qui formule un tel point de vue, et de façon plus grave, refusent toute obligation de consultation chez un ou une psychiatre qui validerait le diagnostic. Si, à l'inverse, on assimile la réassignation de genre à de la chirurgie esthétique, alors il est évident qu'elle ne devrait pas être remboursée, comme c'est le cas pour les interventions qui soulagent psychologiquement des personnes parfois minées par leurs complexes physiques. Surtout, cette comparaison n'est pas fondée. Se faire gonfler les lèvres ou affiner le nez ne supprime pas une fonction biologique de la personne, comme le fait l'ablation des ovaires. La chirurgie esthétique n'a pas non plus prétention à modifier l'identité. En outre, il est évident pour tout le monde que cette démarche doit être réservée aux personnes majeures, car avant la majorité, une jeune personne n'est pas assez mûre pour prendre une décision qui modifiera son apparence de façon irréversible.

Donner des bloqueurs de puberté à des « enfants transgenres »

En quelques années seulement, les enfants transgenres sont devenus familiers du grand public. En 2015, les États-Unis ont découvert Jazz Jenning, diagnostiqué transgenre à l'âge de 5 ans et sujet de la série de télé-réalité *I am Jazz*.

Depuis, en France, le petit Sasha du documentaire *Petite fille* a fait le tour des plateaux télé du haut de ses 8 ans, de même que Lilie au même âge, invité à divers journaux télévisés début 2021. La même année, l'émission *C à vous* a révélé Stella, 8 ans également. Les associations qui interviennent en milieu scolaire ont toutes le même message : les enfants transgenres existent, c'est un fait, et il est fondamental de leur permettre d'effectuer une transition. Le plus tôt est le mieux.

Plusieurs problèmes se posent : les enfants n'ont pas de notion claire de qui ils sont, on ne peut donc rien affirmer sur la base de leurs propos ; leur identité est plastique et influencée par l'extérieur ; ils ne sont pas assez mûrs, loin de là, pour prendre des décisions quant à leur identité, leur sexualité et leur fertilité en tant que futurs adultes.

La psychologue Sasha Ayad, de Houston au Texas, dénonce l'erreur d'expliquer le concept de genre aux enfants. Il est courant, dans leur développement, qu'ils expriment la volonté d'appartenir au sexe opposé. À ce stade, ils ne saisissent évidemment pas les implications de la notion d'identité de genre, et rien n'est plus facile que de les persuader qu'ils sont transgenres. En termes de développement cognitif et intellectuel, on peut aussi s'inquiéter du fait que des enfants assimilent un tel concept dans leur socle de connaissances, comme un outil de compréhension du monde.

Certains enfants éprouvent une dysphorie de genre, mais ne font pas de transition. Il a été montré que dans ce cas de figure, leur sentiment de dysphorie se résout de lui-même après quelques années. Il s'avère que l'adolescence est une thérapie naturelle contre les troubles de l'identité de genre chez la grande majorité des enfants concernés. Une revue de 11 études menée par le chercheur en psychologie James Cantor a montré que 60 à 90 % des enfants transgenres ne ressentent plus d'incongruence de genre à partir de la puberté. Ces études démontrent une seule et même chose : il ne faut pas se précipiter. Il n'y a rien de définitif dans le psychisme et la conscience de soi d'un enfant. Les entraîner dans une transition sociale puis médicale aux conséquences irréversibles n'est pas une bonne idée.

Face au constat que les enfants étaient susceptibles de changer d'avis, les médecins de la clinique du genre d'Amsterdam ont élaboré le « protocole néerlandais » (« *Dutch protocole* »), qui fait appel à des bloqueurs de puberté. Leur idée est la suivante : dès les premiers signes de changement pubertaire, on appuie sur un bouton « pause » qui arrête ce processus, et que l'enfant enclenchera quand il sera prêt. Il pourra alors choisir la puberté de son choix et devenir soit un jeune homme, soit une jeune femme.

Les enfants à qui l'on épargne un protocole de transition, nous l'avons vu, n'en réclament plus par la suite ; en revanche, lorsqu'ils commencent à prendre des bloqueurs de puberté, alors quasiment aucun ne revient en arrière. C'est ce que montre le psychiatre et psychologue Kenneth Zucker, qui a notamment dirigé le Gender Identity Service de Toronto, dans une étude de 2018. Parfois dès 8 ou 9 ans pour les filles, à l'apparition des tout premiers signes de changement corporel, ces enfants s'engagent dans une médicalisation à vie et leur fertilité est gravement compromise.

L'interruption du processus pubertaire est censée laisser ouvert le champ des possibles, or dans les faits, tous les patients font le même choix : celui de prolonger le processus de transition. Embarqués dès l'enfance, ont-ils vraiment la possibilité d'en sortir ?

La gynécologue et endocrinologue Nicole Athéa dénonce un processus qui enferme les jeunes patients.

Selon elle, le fait qu'ils et elles ne reviennent quasiment jamais en arrière confirme le fait qu'il ne s'agit en réalité pas d'une phase de réflexion, que le champ des possibles n'est pas ouvert. En effet, dès avant le début du traitement hormonal, tout l'environnement social et depuis peu, scolaire, se sera adapté. Il est aujourd'hui quasiment impossible de « ne pas respecter le genre » d'une personne, si jeune et si instable soit-elle. La philosophe québécoise Rhéa Jean souligne avec justesse qu'un enfant qui a été diagnostiqué comme transgenre à 8 ans, voire 5 ans, se construit psychiquement avec sa transidentité à l'adolescence. À l'âge adulte, il n'a plus aucun souvenir de sa vie en tant que membre de son sexe biologique. Les enfants ont une identité plastique, modelée en grande partie de l'extérieur. Il leur sera extrêmement difficile de revenir en arrière.

La Dr Nicole Athéa est formelle, ce n'est pas « une phase de réflexion », c'est un « enrégimentement ». Ces enfants ne sont pas des jeunes de 18 ans qui travaillent un an comme serveuse à l'étranger en attendant de choisir leur voie professionnelle. D'une part, ils sont bien trop jeunes pour mener une réflexion sur un sujet aussi intime, et ils ne sont pas « en retrait », comme on peut être en retrait vis-à-vis de sa carrière lors d'un congé sabbatique. Ils vivent et se construisent en tant que transgenres. Les médecins qui choisissent de prescrire des bloqueurs de puberté à des enfants, mais aussi les psychologues qui préconisent le « respect du genre » d'enfants de 3 ans fabriquent volontairement des adolescents et des adultes trans.

Les adolescents sous traitement sont en complet décalage avec leurs pairs : garçons imberbes et plus petits que les autres, jeunes filles au corps d'enfant. Ces jeunes gens se rassemblent en communauté, coupés des autres jeunes dont l'adolescence physique et psychologique se déroule normalement.

Très peu d'études fiables existent, et aucune ne démontre que ces traitements ont une utilité[6]. Un travail effectué en 2011 auprès de 70 patients adolescents montre que les bloqueurs de puberté n'ont pas réduit la dysphorie de genre de façon significative, ni la dépression, ni les troubles anxieux. Une autre étude menée en 2015 auprès de 201 patients adolescents explique que c'est la psychothérapie qui améliore la santé mentale de ces patients.

Les bloqueurs de puberté sauvent-ils les enfants et adolescents transgenres du suicide, comme l'affirment l'ensemble de la communauté trans et leurs défenseurs ? Jack L. Turban, chercheur en psychiatrie adolescente auprès de l'Université de Stanford a publié une étude en 2020 avec son équipe afin de répondre à cette question. Il faut savoir que Jack L. Turban est clairement en faveur de la transition des adolescents trans-identifiés. Pourtant, les résultats de son travail de recherche montrent qu'il n'y a pas de différence significative avant et après une transition de genre, en termes d'état dépressif ou de suicidalité. À ce jour, aucune étude fiable ne montre que ces pratiques mutilantes aux conséquences irréversibles aient une quelconque utilité thérapeutique.

Les risques sanitaires liés à la transition hormonale et chirurgicale

La puberté est une phase d'évolution normale et nécessaire de l'être humain, elle implique un ensemble varié de transformations du corps et du cerveau. Vouloir interrompre ce processus n'est pas sans conséquences.

Un premier produit utilisé est la leuproréline, administrée par injection, commercialisée en France sous le nom d'Enanthone et dans les pays anglo-saxons sous le nom de Lupron ; un deuxième est la triptoréline, administrée par injection également, commercialisée sous le nom de Décapeptyl. Comme pour les traitements hormonaux utilisés par la suite, les bloqueurs de puberté sont des médicaments déjà employés qui trouvent là un nouveau débouché commercial. Il est important de noter que ces traitements n'ont pas reçu d'autorisation de mise sur le marché en tant que bloqueurs de puberté, mais pour le traitement du cancer de la prostate, pour l'endométriose et les fibromes utérins (pour une durée maximale de six mois) et pour la puberté précoce, avant 12 ans pour les filles et 14 ans pour les garçons. Dans le cas des enfants diagnostiqués comme transgenres, la durée du traitement est dix fois plus longue, elle dure environ 5 ans jusqu'à l'âge de 15 ans. Les risques sont importants et les études sur le sujet sont rares.

Ces molécules n'agissent pas uniquement sur les signes sexuels secondaires, en effet la puberté est un processus de croissance de l'organisme dans son entier : croissance et augmentation de la densité osseuse, élargissement des organes internes, développement des systèmes circulatoire et respiratoire avec, en particulier chez les garçons, une augmentation de la force physique et de l'endurance. De façon paradoxale, une jeune fille qui veut avoir un corps d'homme verra ralentir la croissance de son squelette. Ces hormones ayant un effet direct sur le cerveau, le développement psychique et émotionnel sera également entamé. Parmi les effets secondaires fréquents ou très fréquents, on note : de l'hypertension, des douleurs dorsales, musculaires ou pelviennes, des réactions au site d'injection ; un syndrome dépressif et la prise de poids qui peuvent empirer l'état psychologique de jeunes déjà fragiles, et la baisse de la libido perturbe le développement psychosexuel propre à l'adolescence[7]. De plus, c'est au cours de la puberté que la masse osseuse se développe le plus. La minéralisation osseuse est gravement entamée par les bloqueurs de puberté et les patients développent un risque élevé d'ostéoporose.

Sur le plan psychique et cognitif, les œstrogènes et la testostérone produits pendant l'adolescence ont des effets sur le développement des capacités spatiales et de la maturation émotionnelle. Les bloqueurs de puberté provoquent une réduction de la taille de l'amygdale dans le cerveau. Ainsi, l'endocrinologue Ricard Nergårdh, de l'hôpital Karolinska de Stockholm, s'inquiète de « modifications de la santé mentale que le patient n'a pas anticipées ni désirées ». Le psychiatre Alexander Korte alerte quant à lui sur les risques d'altération de la mémoire spatiale, de la mémoire de travail et de la mémoire à long terme, ainsi que sur le risque d'altération du contrôle des émotions et du comportement et sur une diminution irréversible du quotient intellectuel.

Les enfants puis adolescents diagnostiqués transgenres deviennent des malades chroniques dont la vie est rythmée par les injections et les visites médicales. Dans le contexte de l'adolescence, cette fragilisation induite est loin d'être anodine. L'individuation comme processus normal du développement psychique est beaucoup plus difficile. Paradoxalement, ce qu'ils considèrent comme l'accès à l'autonomie et l'accomplissement de la construction de soi prend la forme d'une dépendance à diverses autorités. À plusieurs titres, ils ne connaissent pas d'adolescence. Quels adultes deviendront-ils ?

La prise de bloqueurs de puberté dans l'enfance embarque le jeune patient et la jeune patiente dans un processus dont il lui est très difficile de s'extraire. La Dr Nicole Athéa met l'accent sur la rapidité des changements physiques. Dès les 3 premiers mois, une jeune fille subira l'effet virilisant de la prise de testostérone : voix masculine, développement de la pilosité et de la masse musculaire, hypertrophie du clitoris, atrophie du vagin. Moins d'un an après le début du traitement, les conséquences sont déjà irréversibles.

Le traitement le plus courant consiste en des injections d'Androtardyl, plus rarement du Nebido ou du Pantestone. C'est pour traiter les hypogonadismes chez les hommes que la prise de testostérone a été prévue ;

pour les femmes, il n'y a pas eu de tests concluants qui auraient autorisé sa mise sur le marché à cet usage.

Du fait de leur biologie différente, les femmes et les hommes ne réagissent pas de la même façon à tel ou tel traitement. Les androgènes ne sont pas dangereux pour les hommes, mais ils présentent de graves risques pour les femmes. Le risque moyen de phlébite est multiplié par 5 après deux ans d'utilisation. Le risque d'accident vasculaire cérébral est multiplié par 9,9. En plus des effets cardio-vasculaires, comme l'augmentation de la pression artérielle, la prise de testostérone par des jeunes filles entraîne des troubles de l'humeur, une agressivité accrue ou encore de la dépression.

La plupart des jeunes filles trans-identifiées portent un « *binder* » sous leurs vêtements, une sorte de brassière qui comprime leur poitrine. Comme en témoigne la jeune Zac, alors mineure : « Ça fait très mal, on ne peut pas respirer, c'est horrible[8]. » Cet accessoire présente des risques pour la santé : les tissus compressés pendant une longue durée peuvent être endommagés, la respiration est limitée et une enquête de l'Université de Boston a même reporté des cas de fractures des côtes. Face à des jeunes filles qui aplatissent leurs seins, les médecins proposent facilement une double mastectomie. « C'est remboursé par la Sécurité sociale[9] ! » La quasi-totalité des jeunes filles trans-identifiées suivies pas la Dr Nicole Athéa ont eu les seins amputés. Elles gardent deux larges cicatrices sur le torse. Il devient aussi de plus en plus courant de retirer les tétons dans le cadre d'opérations pour devenir « non-binaire ». La gynécologue est horrifiée de voir que des médecins incitent des jeunes filles et femmes à avoir les seins coupés. Elle dénonce une atteinte à l'intégrité du corps, rappelle que les seins sont un organe de plaisir et n'hésite pas à parler de mutilation sexuelle. On peut aussi regretter le fait qu'une jeune fille renonce de façon définitive, dès l'adolescence, au lien charnel qui se prolonge, entre une mère et son enfant, lors de l'allaitement.

L'ablation des ovaires, organes producteurs d'œstrogènes, est aussi facteur de risques. Cette opération déclenche une ménopause précoce, avec toutefois une chute bien plus brutale de la production d'hormones. Une étude menée pendant 25 ans auprès de patientes qui ont dû subir une ovariectomie avant l'âge de la ménopause a montré que le risque de dépression et d'anxiété était accru, et en particulier pour les patientes les plus jeunes. D'autres études, menées au Canada[10], au Danemark[11] et à Taiwan[12], ont montré un risque considérablement accru de démence précoce qui peut aller jusqu'à la perte d'autonomie. Avant l'âge de 40 ans, une ménopause induite accroîtrait de 35 % des risques de démence.

Estella Suarez-Hamilton explique avoir été « ménopausée à 19 ans ». Âgée de 26 ans aujourd'hui, elle réécoute avec tristesse la « petite voix douce et naïve » qu'elle avait lorsqu'elle a annoncé à ses followers, pleine de joie, qu'elle commençait la « T ». Elle regrette à présent cette transformation à laquelle « le corps n'est pas prêt », et qui est allée de pair avec de l'incontinence et des insomnies qui l'ont épuisée.

Dans seulement 4 % des cas heureusement, les jeunes femmes trans-identifiées se font fabriquer un simulacre de pénis avec de la chair de leur avant-bras ou de leur jambe, intervention qui peut les laisser handicapées et qui présente de nombreux risques d'infections urinaires et de dysfonctionnements sexuels.

Les œstrogènes administrés aux jeunes hommes ne produisent quant à eux pas d'effets aussi spectaculaires que la testostérone pour les jeunes filles et femmes. Même si les seins se développent légèrement, 75 % des hommes trans-identifiés choisissent d'avoir recours à des prothèses mammaires. En Europe, la molécule utilisée, un inhibiteur de testostérone, est l'acétate de cyprotérone, commercialisée sous le nom d'Androcure. Un risque fortement augmenté de méningiome a été signalé. La prise ou perte de poids et l'humeur dépressive qui comptent parmi les effets secondaires de ces traitements présentent également le risque d'aggraver l'instabilité psychique de ces patients ainsi que le sentiment d'étrangeté à leur corps. De la même façon que pour les androgènes, toutes les études visant à éventuellement permettre l'autorisation de mise sur le marché de ces produits ont été effectuées sur des femmes.

Ces traitements peuvent provoquer des sentiments d'euphorie chez les jeunes patients, qui ont la sensation d'agir sur le cours de leur existence, et qui peuvent aussi ressentir un sentiment de puissance galvanisant. Cet état d'esprit les amènera à minimiser les éventuels effets secondaires. La psychiatre Anne Perret explique qu'en effet, « ils vont mieux de façon temporaire, mais le problème ressurgit plus tard de façon plus sévère » : « Il y a de vrais risques psychiques. »

« C'est très loin d'être ce que je pensais, mais je n'ai pas le choix. » Cette phrase est prononcée par l'influenceur québécois Gabrielle Marion à propos des suites de son opération de « vaginoplastie ». Après une opération très lourde d'ablation des testicules, du pénis, de reconstruction des voies urinaires et de la construction d'un orifice qui doit imiter un vagin, les patients doivent entretenir la dilatation de ce nouvel orifice. Gabrielle Marion montre à la caméra de larges tiges phalliques en expliquant : « C'est ce qui doit rentrer à l'intérieur de moi pendant 25 minutes 4 fois par jour. » Chaque dilatation est suivie d'une douche à l'eau salée et de vingt minutes de séchage immobile. Pendant deux mois, 4 heures par jour y sont consacrées. Gabrielle n'a pas été informé de cette routine visiblement pénible : « J'ai un lubrifiant qui m'aide à survivre à tout ça, parce que c'est pas simple et c'est pas facile. » Un an plus tard, il pourra passer à une dilatation par semaine avec un ustensile qu'il regarde avec une peur évidente de souffrir : « On dirait qu'il est plus gros que ma face, je ne sais pas si vous voyez à quel point il est gros, je l'utiliserai pour mes dilatations jusqu'à ce que je meure. »

Madeline Le Pollès, qui se définit comme une « femme transsexuelle », confirme que le « néo-vagin », en tant que nouvelle cavité, est « interprétée par le corps comme une plaie qui devra être surveillée tout au long de la vie ». Elle rappelle que bien sûr, contrairement au vagin capable de se dilater et de s'adapter au sexe de l'homme – et qui permet l'accouchement – cette cavité n'est pas un muscle. Elle poursuit, à propos du plaisir sexuel : « Certaines personnes n'ont rien et cherchent toujours leur plaisir après 10 ans. Pour beaucoup, c'est le néant, et même pour des personnes opérées en France, Belgique ou Thaïlande. » Seule une minorité d'hommes trans-identifiés ont recours à cette mutilation.

Un sain retour en arrière

De nombreux médecins à travers le monde reconnaissent que la rigueur de leur discipline n'est absolument pas respectée. Ces professionnels s'insurgent contre des traitements expérimentaux qui violent tous les principes du soin et de la science. Des procédures dangereuses qui stérilisent des adolescentes sont entamées après, parfois, un simple entretien d'une heure. Sur le forum *Transgender Heaven*, des candidats à la transition se voient recommander des adresses de thérapeutes qui « ne remettent rien en question », « ne posent pas de questions gênantes ». Les médecins suivent quant à eux les recommandations de personnes militantes affiliées à des organisations qui sont loin d'être indépendantes et animées par le désir de soulager la souffrance de qui que ce soit. Pour autant, certains professionnels de santé commencent à refuser de suivre aveuglément les directives du World Professional Association for Transgender Health (WPATH), autorité mondiale en matière de santé des personnes transgenres. Il a été jugé que les preuves de leur bien-fondé étaient insuffisantes.

En avril 2021, la Suède est le premier pays à abandonner le protocole néerlandais. Dorénavant, les patientes doivent attendre l'âge de 16 ans pour se voir prescrire des hormones de transition de genre, et ce « uniquement dans le cadre de recherches approuvées par le comité d'examen éthique suédois, après un consentement éclairé approfondi où sont divulgués les risques et incertitudes considérables des interventions hormonales, et en tenant compte du niveau de maturité du ou de la mineure et de sa capacité à donner un consentement réellement éclairé [13] ». La Finlande également accorde à présent la priorité au soutien psychologique plutôt qu'à la transition hormono-chirurgicale, en particulier lorsqu'il n'y a pas d'antécédent de dysphorie de genre dans l'enfance (ce qui est actuellement le cas de figure le plus courant). L'Australie et la Nouvelle-Zélande ont suivi les deux pays nordiques.

Au Royaume-Uni, la clinique du genre de Tavistock de Londres a compté 18 démissions entre 2017 et 2019. C'est un vrai désaveu. L'une de ces médecins explique leur geste dans un article du *Times* : « Ce traitement expérimental est appliqué non seulement à des enfants, mais encore à des enfants vulnérables, qui ont connu les problèmes de santé mentale, la violence, les traumatismes familiaux, mais ces aspects sont laissés de côté. Si quelqu'un suggérait de la chirurgie plastique ou autre changement permanent, tout le monde dirait : hé, attendez un peu [14] ! »

À l'âge de 16 ans, la jeune Keira Bell a commencé à prendre des bloqueurs de puberté, on lui a coupé les seins et retiré l'ensemble de l'appareil reproducteur. Depuis, elle regrette cette démarche, affirmant qu'elle avait besoin de suivi psychologique, pas de ces mutilations qui font qu'à 24 ans, elle est stérile et que son apparence physique et sa voix sont irrémédiablement celles d'un homme. Fin 2020 a eu lieu un événement important dans le pays s'agissant de la remise en cause de la transition hormonale des adolescentes : la Haute Cour de Justice britannique lui a donné raison, ainsi qu'à la mère d'une adolescente autiste de 15 ans. Il a été statué que les enfants de moins de 16 ans n'étaient pas aptes à donner un consentement libre et éclairé pour de telles procédures. Mrs A., la mère de la jeune fille autiste « espère que ce jugement fournira une protection contre les expériences médicales sauvages sur des enfants comme ma fille, alors que ces mêmes institutions sont chargées de soulager leur détresse ». Depuis lors, en effet, les centres de soins du Royaume-Uni ne prescrivent plus ni bloqueurs de puberté ni hormones sexuelles inversées aux mineures de moins de 16 ans.

V

Personnes transgenres adultes : l'utilité de différencier hommes et femmes

La notion de transidentité implique que tout homme peut se déclarer femme et que cette affirmation doit faire autorité, au mépris de la biologie et de la différence de socialisation entre les sexes. En France, nous n'observons pas (encore) de conséquences spectaculaires à la suprématie du genre sur le sexe. C'est pourtant l'étape suivante.

Respecter l'identité de genre dans le sport

La participation des femmes dans le sport de compétition a été un long combat. Fondateur des Jeux olympiques modernes, Pierre de Coubertin exprimait clairement sa révulsion envers des « olympiades femelles, inintéressantes, inesthétiques et incorrectes ». Il a toujours obstinément refusé la participation de femmes : « Aux Jeux olympiques, leur rôle devrait être surtout, comme aux anciens tournois, de couronner les vainqueurs. »

Grâce à la pugnacité de sportives comme Alice Milliat, la première participation de femmes aux JO a eu lieu en 1928 et il aura fallu attendre les Jeux de Londres, en 2012, pour que les femmes soient autorisées à participer à toutes les disciplines représentées, et que pour la première fois, toutes les délégations envoient des athlètes féminines. Depuis qu'a commencé leur participation progressive aux compétitions sportives, il est d'usage de séparer hommes et femmes dans la pratique et d'établir des classements masculins d'un côté et féminins de l'autre. La performance sportive dépend directement de facteurs physiologiques comme la force musculaire ou la capacité cardio-respiratoire. Or, ces facteurs diffèrent largement en fonction du sexe biologique. Hommes et femmes ne produisent pas les mêmes performances et, par souci d'équité, il convient de les faire concourir dans des catégories à part.

C'est à la puberté que filles et garçons commencent à se développer de façon notoirement différente. L'ensemble des différences morphologiques liées au sexe, appelé dimorphisme sexuel, est beaucoup plus important entre femmes et hommes adultes qu'entre filles et garçons prépubères, et il va bien au-delà des caractères sexuels secondaires. Pendant la puberté, le taux de testostérone est multiplié par 20 chez les garçons et reste faible chez les filles. À partir de cette période et pour le restant de leur vie, les hommes en ont un taux environ 15 fois supérieur à celui des femmes. Cela implique une multitude de différences physiologiques qui ont un impact direct sur les performances sportives, sur des sujets peu entraînés comme sur des athlètes de niveau olympique.

Ce taux de testostérone supérieur confère aux hommes un plus grand squelette et une plus grande densité osseuse ; une moindre proportion de graisses par rapport à la masse musculaire, ce qui augmente le ratio taille/force musculaire ; des muscles plus puissants et des tissus conjonctifs (tendons et ligaments) plus rigides, ce qui donne une capacité de contracter ses muscles à la fois plus rapidement et efficacement ; une plus grande taille du cœur et une plus grande concentration d'hémoglobine qui impliquent un meilleur acheminement de globules rouges dans les muscles ; une plus grande cage thoracique, donc de meilleures capacités respiratoires.

Non seulement les femmes ont une musculature moins importante que les hommes, mais elles ne peuvent pas transporter des volumes d'oxygène aussi importants qu'eux, ce qui limite la capacité de mobilisation de ces muscles. Ainsi par exemple, malgré une maîtrise technique très poussée, l'une des meilleures joueuses de tennis au monde sera facilement mise en difficulté face à un joueur plus faible techniquement. Ce joueur moins entraîné, du simple fait d'être un homme, bénéficie d'une capacité respiratoire plus grande, avantage qui se traduit par une meilleure force de frappe, une plus grande vitesse, mais aussi par une moindre fatigue accumulée.

Un épisode célèbre dans le monde du tennis illustre parfaitement ce phénomène. À l'apogée de leur carrière, Serena et Venus Williams, alors respectivement âgées de 16 et 17 ans, sont persuadées que chacune peut battre un homme classé autour de la 200e place. Lors de l'Australian Open de 1998, elles lancent le défi à Karsten Braasch. Le tennisman allemand a 31 ans et s'il a déjà atteint la 38e place du classement mondial, il est alors sur la pente descendante et est désormais classé 203e. Malgré cela, il bat chacune des deux sœurs à plate couture.

Dans un sport qui exige une force explosive particulièrement importante dans le bas du corps comme le cyclisme sur piste, l'écart entre les performances masculines et féminines est de l'ordre de 16 %. Lorsque c'est le haut du corps qui est le plus impliqué, comme au tennis, l'écart est de 20 %. Dans les sports d'endurance, il est de 27,8 % en moyenne et il atteint un taux de 40 % dans les sports de combat[1]. À la course de vitesse, il a été calculé que l'écart entre hommes et femmes était de 11 %. On peut penser que ce n'est pas grand-chose. Pourtant, cela signifie concrètement que plusieurs milliers d'hommes sont plus rapides que les femmes les plus titrées. La biologiste Emma Hilton[2] rapporte, en guise d'illustration, que 10 000 athlètes masculins environ font de meilleurs scores que la championne actuelle du 100 mètres olympique. En effet, si nous évoquons des données moyennes, il faut voir avant tout que l'homme le plus rapide à la course est vraiment, vraiment plus rapide que la femme la plus rapide. Si les femmes n'avaient pas leurs propres compétitions, aucune d'entre elles ne pourrait remporter la moindre médaille dans la plupart des disciplines sportives.

L'éthique du sport exige de faire se rencontrer des concurrents de même catégorie. Les minimes, qui ont entre 13 et 15 ans, ne concourent pas avec des adultes. On a créé des catégories de sexe et d'âge pour que chaque athlète trouve un ou une adversaire qu'il ou elle est capable de battre. Par ailleurs, dans les sports de combat, le poids est également pris en compte, pour des questions d'équité mais aussi de sécurité. En principe, les résultats d'une compétition ne sont pas joués d'avance et il n'est pas prévu que les athlètes se mettent en danger – du moins pas de façon aussi dissymétrique.

La transition de genre réduit-elle les capacités physiques d'un sportif ?

Dans certaines compétitions internationales, les hommes doivent se soumettre à des modifications hormonales pour être considérés comme des sportives transgenres. En 2015, le Comité international olympique a émis des « recommandations » non contraignantes selon lesquelles les athlètes féminines trans devraient abaisser leur taux de testostérone à 10 nmol/L (nanomoles par litre) et maintenir ce taux pendant une année avant de pouvoir concourir dans la catégorie des femmes. Le règlement de la Fédération internationale d'athlétisme, impose quant à lui un taux de testostérone abaissé à 5 nmol/L. Ces chiffres, 10 et 5 nmol/L, correspondent-ils à la réalité physiologique d'une femme ? En fait, nous en sommes encore très loin : le taux de testostérone féminin se situant entre 0,54 et 2,4 nmol/L.

Par ailleurs, cette réduction de la testostérone ne supprime absolument pas les avantages physiques acquis par ces athlètes à la puberté. Selon l'Institut suédois de recherche médicale universitaire de Karolinska, même en suivant les directives du CIO, les athlètes génétiquement masculins sont, en moyenne, 40 % plus lourds (pensons aux conséquences dans les sports de contact comme le rugby et bien sûr la boxe), 15 % plus rapides et 25 à 50 % plus puissants que les athlètes féminines. Tout le monde a le dopage en horreur, or il augmente les performances de « seulement » 9 à 12 %[3].

Nous admettons que lorsqu'on abaisse le taux de testostérone d'un homme, la capacité à transporter l'oxygène est réduite et l'on observe un moindre taux d'hémoglobine. Or, le volume total de sang, la taille du cœur et sa capacité à se contracter restent identiques, et ce sont des facteurs déterminants de la performance. De même, si la masse musculaire peut diminuer – de seulement 5 % selon un chercheur suédois[4] –, la force dépend également du système nerveux, de la structure des fibres musculaires et de la composition des tendons, un ensemble de facteurs qui reste inchangé.

Que veulent les athlètes transgenres ?

La Française Alexia Cerenys est décrite par les médias comme ayant un « très bon gabarit ». D'abord rugbyman aux clubs de Périgueux et de Mont-de-Marsan, elle subit de graves blessures sur le terrain en 2008 qu'elle interprète comme un signal d'alarme envoyé par son corps : « Je ne savais plus qui j'étais, qui je voulais être, comment je voulais vivre. » Alexia Cenerys fait un retour au club de Mont-en-Marsan, dans l'équipe des femmes cette fois-ci, et connaît une ascension prévisible. Après deux saisons en 2e division, elle passe en 1re division au club de Lons et plaisante : « Comme j'ai raté ma carrière chez les hommes, je me suis dit qu'il fallait que je devienne une fille pour tenter chez vous. Comme ça, je pourrai enfin jouer à haut niveau ! »

Nombre de médias ont applaudi la sélection de la Néo-Zélandaise Laurel Hubbard par son équipe nationale, « première athlète transgenre à participer aux Jeux olympiques » de Tokyo en 2021. Né Gavin Hubbard, Laurel pèse 131 kg. Sa biographie indique qu'il a arrêté sa carrière d'haltérophile en 2001, puis qu'il a entamé une transition de genre en 2012, après être resté plus de 10 ans à l'écart des compétitions sportives. Lorsqu'il participe aux Championnats d'haltérophilie d'Océanie de 2017 en tant que femme, Laurel Hubbard « établit un nouveau record » dans toutes les disciplines qu'il touche. Au cours des deux années suivantes, malgré une grave blessure au dos, il pulvérise un record féminin aux Championnats du monde de Thaïlande, un autre à l'Open Australia, et ajoute 3 médailles d'or à sa collection de trophées.

Laurel Hubbard abandonne la compétition en cours de route. Les protestations de ses collègues féminines seront donc vite oubliées. Lui reste le statut glorieux de « la première femme transgenre » aux Jeux olympiques.

Seriez-vous capable de vous lancer dans une discipline sportive à l'âge de 40 ans et de remporter des compétitions de niveau national à 46 ? Trent « Tiffany » Thomas confie à son public « avoir l'impression d'être un super-héros » lorsqu'il arrive premier à la course de Randall's Island Crit qui a lieu à New York… contre des femmes âgées de moins de 30 ans. Il gagne également une invitation à donner une conférence auprès du Comité national olympique sur le thème de l'« inclusion » et la « non-discrimination ». Après la 16e victoire de Trent contre des femmes, une coureuse cycliste dénonce sur Twitter l'ironie de cette conférence et l'absence de panel sur le droit des femmes à avoir leur propre catégorie sportive fondée sur le sexe biologique.

Une colère partagée par la championne américaine de cyclo-cross Hannah Arensman, 25 ans, qui a décidé de prendre sa retraite sportive. Elle est furieuse d'avoir terminé à la 4e place, éjectée du podium par un homme trans-identifié : « Je suis profondément en colère, déçue, je me sens méprisée et humiliée de voir que les fédérations sportives ne protègent pas le sport ni les sportives féminines. »

Les sportives de compétition se voient aussi obligées de supporter l'incursion de ces hommes dans leurs vestiaires. « Non seulement nous avons été obligées de concourir contre un homme, mais nous avons été obligées de nous changer dans le vestiaire avec lui, (…) c'est vraiment gênant car Lia a toujours des parties du corps masculines et est attiré par les femmes », proteste la nageuse Railey Gaines à propos du nageur trans-identifié Lia Thomas [5].

Chacun fait semblant de s'esbaudir face à ces records battus, et les athlètes transgenres sont auréolés d'une gloire imméritée, dans le domaine sportif mais aussi dans le domaine de l'avancée des droits des minorités. On qualifiera de courageux un homme qui gagne face à des femmes pétrifiées par la peur d'être accusées de transphobie, porté par une équipe qui a évidemment tout intérêt à garder son poulain et voit d'un très bon œil cette triche légale. Et des athlètes masculins blessés ou trop âgés trouvent un débouché dans les compétitions féminines, où leurs scores médiocres en tant qu'hommes les placent tout de même à la première place parmi les femmes.

Dans 17 États américains, les garçons peuvent être en compétition avec des filles jusqu'à l'âge de 18 ans – l'âge où une carrière se joue –, sans réduction de testostérone. Andraya Yearwood par exemple, du fait de son identité de genre déclarée, est arrivé premier aux épreuves du 100 mètres et 200 mètres haies, battant à plate couture les jeunes filles les plus entraînées de son lycée du Connecticut. Il aurait été classé dernier parmi les garçons. Lors d'un championnat entre lycées du même État, toujours dans la catégorie des filles, il est arrivé second. Après un autre garçon trans-identifié.

Dans ce cas, il ne s'agit pas que d'adolescentes déçues par de mauvaises notes en EPS (ce qui serait déjà un problème en soi). Aux États-Unis, le sport au lycée peut donner accès à des bourses pour entrer dans des universités prestigieuses. L'enjeu est de taille.

Un danger physique pour les athlètes féminines

Le cas de la MMA est particulièrement préoccupant. Pour rappel, ce sport est une version encadrée du type de combat où « tous les coups sont permis ». Il autorise les techniques de percussion : coups de pied, de poing, de genou et de coude, mais aussi la projection, l'étranglement, on peut également chevaucher son adversaire lorsqu'il est à terre, l'immobiliser et le frapper. Il est en revanche interdit de casser des doigts ou déchirer les chairs du visage.

Fallon Fox, représentant de la discipline, a commencé à faire parler de lui après un match qui n'a duré que 39 secondes. Erika Newsome, dite « le Pitbull », frappe les côtes de Fox qui reste imperturbable. Le combattant transgenre tenait déjà fermement la tête de son adversaire. C'est alors que, ses mains tenant fermement l'arrière de son crâne, Fallon Fox baisse brusquement la tête d'Erika Newsome et lui donne un gigantesque coup de genou dans le menton. Elle tombe face contre terre, inconsciente. Sa carrière est terminée. Personne ne l'avait prévenue que son adversaire était un homme. L'année suivante, Fallon Fox gagne un autre combat contre Tamikka Brents, lui causant une commotion cérébrale et 7 fractures du pourtour de l'œil, dont une fracture d'un os situé derrière l'œil, à l'intérieur du crâne. Ce n'est qu'après ces deux « combats », en 2013, qu'il déclare être transgenre.

Pourtant lutteuse aguerrie, Tamikka Brents a révélé n'avoir jamais constaté un tel différentiel de force physique entre son adversaire et elle. Pour Fallon Fox, c'est la gloire. Intronisé dans le *National Gay and Lesbian Sports Hall of Fame* en 2014, il a été qualifié d'« athlète le plus courageux de l'histoire » par le magazine *Outsports*. Un biopic est en préparation, relatant le parcours de « la première combattante de MMA ouvertement trans », qui risque peu d'être critique, puisqu'il est co-scénarisé par Fallon Fox lui-même.

La coach Linda Blade, de la coalition Save Women's Sports, a de bonnes raisons d'être morose. « Quand j'entraîne une jeune fille dont le rêve est de devenir une grande athlète, qu'est-ce que je dois lui dire ? Est-ce que je dois lui mentir et lui dire qu'elle a sa chance, alors que je sais qu'elle devra se confronter à des hommes biologiques toujours plus nombreux ? » Les jeunes sportives sont découragées dès le lycée, elles savent qu'elles sont vaincues d'avance. L'important c'est de participer ? Mais à quoi bon ?

Dans les lieux non-mixtes : toilettes, douches, vestiaires

La question de définir qui est un homme et qui est une femme se pose de façon très concrète dans les espaces où les deux sexes sont séparés, notamment les toilettes publiques, les vestiaires de clubs de sport, mais aussi dans les prisons et les centres d'hébergement d'urgence pour femmes victimes de violences. Si l'on change la définition de qui est une femme, on bouleverse les conditions d'accès à ces lieux. Au Royaume-Uni, en

Suède, au Canada et dans certains États des États-Unis, leur accès est déjà conditionné au genre ressenti, et la tendance est en train de s'implanter en France. Ainsi, le défenseur des droits « recommande aux établissements scolaires et universitaires de respecter l'identité de genre des élèves » et « aux employeurs d'accompagner la transition des personnes transgenres », avec la « prise en considération de l'identité de genre pour l'accès aux vestiaires ou toilettes non mixtes ».

En admettant que certaines personnes aient réellement un corps d'homme et une identité de femme – comment faire la différence entre cette personne, sincère, et un homme qui ment sur son identité ? C'est impossible. Si l'on autorise l'accès aux espaces réservés aux femmes à tout homme qui dit être une femme, alors tout homme peut avoir accès à ces espaces, et la non-mixité est annulée de fait.

En tant que jeune fille ou femme, suis-je en droit de réclamer d'être sûre de ne pas croiser d'hommes lorsque je vais dans des lieux où je vais me déshabiller, ou plus généralement, être dans une situation de vulnérabilité ? Est-il juste, au nom de la protection d'une minorité, de nuire à 52 % de la population ?

Les féministes qui défendent l'existence d'espace non mixtes ont pour principale préoccupation la sécurité des filles et des femmes. On peut ajouter que celles-ci ont le droit à des espaces où elles seront à l'abri de regards concupiscents et prédateurs, les mêmes regards qui nous scrutent dès que nous mettons le nez dehors.

Les partisans de l'« inclusion », qu'elle passe par des toilettes accessibles selon le genre ressenti ou par des toilettes et vestiaires mixtes, avancent que leurs opposants rejettent les personnes transgenres en tant que telles. Il n'en est rien. Qu'il s'agisse des conservateurs ou des féministes, le sujet d'inquiétude est l'intrusion d'hommes – au prétexte d'une identité de genre féminine – dans les espaces pour femmes. Si le genre ne peut pas être remis en question, tout homme peut se targuer d'être une femme s'il trouve un avantage à le faire.

Tous les hommes ne commettent pas de violences, mais quasiment tous les crimes et agressions sont commis par des hommes, et en particulier les viols, agressions sexuelles, violences pédocriminelles et homicides. En France, l'Observatoire national de la délinquance et des réponses pénales (ONDRP) révélait en 2018 que 99 % des personnes condamnées pour violences sexuelles sont des hommes. Le ministère de la Sécurité publique du Québec a publié en 2016 une statistique semblable : 96,2 % des auteurs présumés d'infractions sexuelles sont de sexe masculin. L'Office des Nations unies contre la drogue et le crime (UNODC) confirme cette tendance lourde au niveau mondial : 96 % des auteurs d'homicides sont de sexe masculin. Tout homme est donc statistiquement beaucoup plus susceptible de commettre une agression qu'une femme. Que cette propension à la violence soit innée ou acquise importe peu ici. De façon factuelle et statistique, parmi les hommes se trouvent des agresseurs, tandis que le risque d'être agressée physiquement ou sexuellement par une autre femme dans un lieu public est proche de zéro. À cette propension à la violence s'ajoute le différentiel de poids et de masse musculaire.

Deux conceptions du féminisme s'affrontent

La conception matérialiste du féminisme se fonde sur des observations statistiques et une réalité empirique – les hommes sont beaucoup plus violents que les femmes et les femmes sont vulnérables face à la violence masculine. On peut débattre du caractère plus ou moins naturel de cette asymétrie, en tout cas, asymétrie il y a. Les féministes matérialistes veulent que les femmes cessent d'être victimes de la violence masculine. De façon pragmatique, elles prévoient des espaces où les hommes ne sont pas admis, pour y accueillir des femmes vulnérables (survivantes de violences conjugales, femmes sans-abri, etc.) ou en situation ponctuelle de vulnérabilité (les vestiaires, par exemple).

Selon la conception idéaliste, en revanche, les hommes et les femmes sont égaux, et toute caractéristique accolée au groupe « hommes » ou au groupe « femmes » est sexiste. Avancer que les femmes sont, d'une façon générale, aux prises avec la violence masculine à un moment ou à un autre de leur vie est sexiste. Qu'importent les nombreuses études statistiques menées sur le sujet et le vécu empirique d'une grande partie des femmes.

Citons l'article de Terry S. Kogan, professeur de droit à l'Université de l'Utah. En mai 2016, il expose sur le site *The Conversation* que la séparation des toilettes en fonction du sexe a une origine sexiste. L'instauration de toilettes séparées aux États-Unis date de la fin du XIXe siècle, dans le contexte de l'industrialisation du pays. Les femmes ont été nombreuses à quitter la ferme, où la place de chacun et chacune était clairement assignée, pour aller travailler à l'usine. Là, elles passaient leurs journées à proximité d'hommes, ce qui brouillait la séparation traditionnelle entre les femmes à l'intérieur, et les hommes à l'extérieur.

Toujours selon Kogan, tant l'instauration de toilettes séparées que la limitation du nombre d'heures de travail pour les femmes, les pauses durant la journée, la présence de sièges pour éviter de rester debout de manière prolongée entre deux stations, ou encore l'interdiction d'accéder à certaines tâches considérées comme dangereuses, toutes ces mesures de protection, donc, parce qu'elles partent du principe que les femmes ont une condition physiologique différente de celle des hommes, sont sexistes. Le professeur de droit ignore le fait que les femmes ont en effet une moindre corpulence et une moindre puissance musculaire, et que, sans compter leurs règles, elles étaient soumises à des grossesses répétées et ne bénéficiaient pas de congés pour se remettre physiquement d'un accouchement.

Quand on considère la dureté inhumaine des conditions de travail d'usine à l'époque, pour les hommes comme pour les femmes, on peut au contraire apprécier que les spécificités féminines aient été quelque peu prises en compte. Kogan utilise ce déni envers une réalité à la fois biologique et sociale pour critiquer les campagnes contre la présence d'hommes trans-identifiés dans les toilettes des femmes. Selon lui « les opposants aux droits des trans ont employé le slogan « pas d'hommes dans les toilettes des femmes », ce qui évoque une vision de femmes faibles en proie à des agressions masculines ». Vision peu agréable, j'en conviens, mais qui correspond à une réalité encore bien plus pénible.

Quant à C. Ray Borck, docteur en sociologie de l'Université de New York et enseignant, il nie tout simplement la dangerosité potentielle de certains hommes à l'encontre des femmes et des filles. Les opposants aux toilettes mixtes, selon lui, « se repaissent de récits imaginaires ». La violence masculine contre les femmes et les filles ne serait que pure affabulation, ou plus exactement une « croyance répandue dans la société en la fragilité inhérente des femmes ».

Hommes trans-identifiés dans les vestiaires pour femmes, le cas du Royaume-Uni

En 2016, le centre de loisirs Putney, à Londres, faisait partie des lieux publics qui ont des vestiaires « inclusifs ». Là, Darren Johnson est surpris en flagrant délit par deux jeunes filles de 14 ans. Il utilisait un interstice entre les cloisons de deux cabines de vestiaires pour les prendre en photos alors qu'elles se changeaient. La police a découvert une collection de 150 photos de jeunes filles nues au domicile de l'homme, toutes prises dans ce même centre de loisirs. Il a été condamné à une peine de 16 mois d'incarcération. Loin d'être un client ordinaire, Darren

Johnson était co-fondateur et dirigeant de l'entreprise qui gère ce centre. On peut supposer qu'il est à l'origine de la décision de rendre ces vestiaires « inclusifs ». Quelques semaines après ce scandale, dans ces mêmes vestiaires, Anthony Gomes, professeur dans le secondaire à Kent, est lui aussi pris en flagrant délit alors qu'il filmait des petites filles de 12 ans en train d'enlever leur maillot de bain. Il se servait de l'écart la cloison qui sépare chaque vestiaire et le sol pour les filmer avec son téléphone.

L'accès à des cabines de vestiaires adjacentes à celles de ces enfants a visiblement facilité le passage à l'acte. Pour autant, les vestiaires mixtes sont-ils un facteur de risque en eux-mêmes ?

Alerté par ces deux cas, le *Sunday Times* a mené une enquête sur le sujet. En septembre 2018, il publie les résultats suivants : au cours des deux années précédentes, au Royaume-Uni, un total de 134 plaintes ont été déposées pour voyeurisme, harcèlement, agression sexuelle ou viol dans des piscines ou centres de loisirs. Sur ces 134 plaintes, 120 concernent des vestiaires ou toilettes mixtes, ce qui représente 90 % des cas. Alors que moins de la moitié de ces établissements disposent de vestiaires mixtes. La surreprésentation est criante. Imposer la mixité dans des lieux où des filles et des femmes se déshabillent revient à autoriser l'accès à ces espaces à des agresseurs et des violeurs. Avec des conséquences évidentes.

Les arguments en faveur des toilettes et vestiaires mixtes peuvent être résumés ainsi : les personnes qui se voient refuser l'accès aux lieux qui correspondent à leur identité de genre souffrent de désagréments et sont victimes de violences. Désagrément, tout d'abord, de devoir révéler publiquement un sexe biologique alors que les personnes trans font des efforts considérables pour « passer », selon leurs propres termes. La biologie se rappelle à eux, et c'est désagréable.

Si l'on considère le fait que les personnes trans qui vont dans les toilettes pour hommes sont victimes d'agressions – ces agressions justifient-elles de mettre en retour les femmes en danger ? Est-ce le rôle des filles et des femmes de risquer – et on l'a vu, le risque est avéré – d'être harcelées, agressées ou violées par n'importe quel homme, pour ne pas que des hommes trans-identifiés soient agressés par d'autres ?

Chaque décision qui concerne la collectivité repose sur des principes éthiques. Ici, le principe mis en avant est le suivant : il faut être inclusif. Il faut que tout le monde se sente à l'aise et en sécurité dans les toilettes et vestiaires publics. Qui est « tout le monde » ? « Tout le monde », ça ne veut rien dire. Aucune décision ne bénéficie à « tout le monde ». La question à se poser consiste à savoir qui tire un bénéfice de cette mesure ? Dans le cas de la mixité dans les vestiaires du centre de loisirs de Putney, on a vu que la décision a été prise, entre autres du moins, par un homme qui a utilisé le dispositif pour se rendre coupable de pédocriminalité. Qui veut d'un tel dispositif ? Des personnes attachées à l'idée d'inclusivité, mais aussi, tout simplement, les agresseurs eux-mêmes.

Bien sûr, nombreux sont ceux qui se soucient réellement de la sécurité des personnes transgenres. Mais citons tout de même les cas de quelques-uns des plus fervents défenseurs de l'inclusivité. Eric Joyce, ancien député travailliste, est un soutien sans faille de la cause trans, et en particulier de l'accès aux toilettes selon l'identité de genre. Alors que la députée Jenny Marra s'inquiétait de la mixité dans les toilettes dans une école à Dundee, en Écosse, Eric Joyce a qualifié ses propos de « lobbying ultra-agressif » et de « campagne anti-transgenre ». Quelques mois plus tard, ce même homme a été arrêté pour détention de matériel pédopornographique montrant des actes de tortures commis sur des petites filles de 5 ans. David Smith, ancien conseiller municipal de Middlesbrough, dans le Yorkshire, luttait ardemment contre l'existence de toilettes séparées selon le sexe. En juin 2019, à son initiative, tous les bâtiments de l'administration municipale ont été dotés de toilettes mixtes. Son cheval de bataille était de faire de Middlesbrough une ville entièrement « *gender neutral* », « pour que nos amis transgenres et non binaires se sentent en sécurité quand ils vont aux toilettes ». Il est, depuis avril 2021, sous le coup d'une série d'accusations d'agressions sexuelles commises sur des garçons mineurs. Noel Clarke est l'un des acteurs et réalisateurs les plus prolifiques du pays. Dans un tweet du 5 juillet 2016, il rapporte avoir pris à partie un groupe de militantes féministes qui protestaient contre l'ouverture des espaces non-mixtes aux hommes trans-identifiés : « Je leur ai dit à quel point elles étaient stupides, elles n'ont rien compris. » Il ajoute : « Je suis simplement pour l'inclusivité, si une personne s'identifie en tant que femme, je le respecte. » Clarke est accusé par 20 femmes de harcèlement sexuel, agressions, intimidations et divulgation de vidéos intimes enregistrées à leur insu sur des plateaux de tournage, entre 2004 et 2019.

Ces revendications ne sont évidemment pas uniquement défendues par des agresseurs connus. Afin d'appuyer leurs arguments, les défenseurs de la cause trans brandissent une série d'études, comme celle menée en 2016 auprès de « 28 000 personnes transgenres », laquelle aurait montré que plus de la moitié d'entre elles évitent d'aller aux toilettes, ce qui fait que 8 % des sondés souffriraient d'infections urinaires et autres problèmes rénaux. Cette étude a été menée par le National Center for Transgender Equality, une organisation militante, auprès de ses propres membres et sympathisants, ce qui remet pour le moins en cause son objectivité.

Aux États-Unis, les réactions d'hommes lambda

Houston, métropole texane, est réputée être un îlot de tolérance et d'ouverture au milieu d'un État on ne peut plus conservateur. Elle a été la première grande ville à élire une maire ouvertement lesbienne, Annise Parker, en 2009. En tant qu'ancienne militante lesbienne, elle a connu la marginalisation et le danger physique. Elle voit dans la communauté trans une nouvelle minorité sexuelle menacée et a décidé de défendre sa cause. Ainsi en 2014, le Conseil municipal de Houston a soumis au vote la Houston Equal-Rights

Ordinance (HERO), qui interdit la « discrimination sur la base de l'orientation sexuelle et de l'identité de genre ». L'accès aux lieux non-mixtes devrait être conditionné à une identité auto-proclamée que nul ne peut remettre en question. Une coalition de conservateurs et de membres de la communauté évangélique s'est élevée contre cette mesure avec un slogan simple : « Pas d'hommes dans les toilettes des femmes. » Dans un spot télévisé, on voit une petite fille être suivie par un homme qui l'empêche au dernier moment de fermer la porte pour entrer avec elle dans l'espace confiné des toilettes individuelles. Une femme, en voix off, dit : « N'importe quel homme, n'importe quand, peut entrer dans les toilettes des femmes, (...) même un homme qui a été condamné pour agression sexuelle ou viol pourra suivre une femme ou une fille aux toilettes. Et si une entreprise veut l'en empêcher, elle recevra une amende. Protégez l'intégrité des femmes. Empêchez le danger. Votez "non" à la proposition 1 de l'ordonnance sur les toilettes. Cela va trop loin. »

Annise Parker n'a pas eu gain de cause : « Je crains, dit-elle, de voir entachée l'image de Houston en tant que métropole tolérante et accueillante. J'ai vraiment peur qu'il y ait des conséquences négatives sur le plan économique. » Il s'est plus tard avéré que cette crainte du boycott était fondée. En mars 2016, la Caroline du Nord a voté la loi HB2 qui prévoit un accès aux toilettes « selon le sexe de naissance ». En réaction, Bruce Springsteen a bruyamment annulé un concert dans cet État, de même que le violoniste star Itzhak Perlman. Les multinationales Deutsche Bank AG et PayPal

Holdings Inc. se sont détournées de l'État pour cette même raison, ainsi que la National Collegiate Athletic Association (NCAA) et la National Basketball Association (NBA) qui ont annulé des événements sportifs. Après avoir perdu plusieurs centaines de millions de dollars en raison du boycott, la Caroline du Nord a cédé face aux pressions l'année suivante.

Dans d'autres villes plus « accueillantes » des États-Unis, il s'avère que les mises en garde du camp conservateur texan étaient absolument justifiées. Sur le site *Louder with Crowder*, le journaliste John Brodigan relate un cas survenu en février 2016 dans une piscine publique de Seattle, en plein après-midi – moment où l'endroit est bondé. Dans les vestiaires, un groupe de femmes s'agite et appelle le personnel : un homme vient d'entrer dans les lieux et s'y est déshabillé à la vue de toutes. Qui pourrait affirmer qu'il n'est pas une femme ? Personne n'en a le droit, c'est l'identité auto-proclamée qui prime. Content de lui, il rappelle que la loi est de son côté et se pavane, nu, au milieu des nageuses. Le journaliste trouve l'anecdote d'une drôlerie infinie. Entrer dans les vestiaires des filles est « le fantasme de tous les adolescents ! », dit-il.

Il est vrai que la grande majorité des agressions sexuelles et des viols sont commis dans la sphère privée, au domicile de la victime ou de l'agresseur. Cette réalité ne doit pas nous faire occulter la gravité de ce changement législatif. Avec la primauté de l'identité de genre, personne ne peut empêcher un homme de suivre une mineure aux toilettes, ni de la rejoindre dans des douches collectives. Dans une logique d'inversion des valeurs, anticiper la promiscuité de pervers sexuels avec des mineures et s'en protéger est devenu illégal. En mai 2016, à Washington, une employée d'un grand magasin a demandé à un homme de sortir des toilettes des femmes. Elle est à présent sous le coup d'une enquête de police pour « *suspected hate crime* ».

L'ACCÈS AUX PRISONS POUR FEMMES

La séparation entre hommes et femmes est aussi nécessaire dans les établissements pénitentiaires. On retrouve, à une plus grande échelle bien sûr, la problématique de la vulnérabilité de femmes dans un lieu clos où elles dorment et se lavent. Il faut aussi avoir en tête que les femmes détenues peuvent être accompagnées de leurs jeunes enfants. Depuis que la séparation selon le sexe est supplantée par une séparation selon l'identité de genre, tout détenu masculin peut, avant son jugement ou bien au beau milieu d'une peine de prison, éventuellement pour viol ou meurtre, se voir transférer dans une prison pour femmes. Pour comprendre la gravité de cette possibilité qui leur est offerte, il faut comprendre que la population carcérale est très loin d'être homogène. On ne peut pas considérer l'ensemble comme un groupe de criminels dangereux, quel que soit leur sexe. Et hommes et femmes ne sont généralement pas incarcérés pour les mêmes motifs.

En France, la contrôleuse générale des prisons, Dominique Simonnot, déclare dans *Libération* : « Qui sommes-nous pour dire d'une personne qui se déclare homme ou femme, sans en avoir l'apparence ou les attributs physiques, qu'elle ne doit pas l'être[6] ? » Elle poursuit : « Il faut s'habituer à l'idée que les gens ne sont pas forcément ce qu'ils paraissent et les accepter comme ils sont. » Nous ne serons pas étonnés d'apprendre que les détenus transgenres qui demandent un transfert sont dans la quasi-totalité des cas, des hommes trans-identifiés qui demandent à intégrer un établissement pour femmes. Au quartier spécial de la maison d'arrêt de Fleury-Mérogis, entre octobre 2018 et février 2021, on ne dénombrait qu'une femme trans-identifiée parmi les 22 détenus transgenres. Les chiffres officiels font état d'une trentaine de cas de détenus transgenres sur notre territoire[7]. C'est peu, et aucune agression d'homme trans-identifié contre une femme, détenue ou membre du personnel, n'a été signalée à ce jour. Pourtant le risque ne peut être ignoré. L'accès de détenus à des établissements correspondant à leur identité de genre est un phénomène marginal en France, mais si l'on pousse la logique de la réalité du genre jusqu'au bout, alors chaque détenu masculin peut voir sa demande acceptée.

Au Canada, les femmes représentant 6 % de la population carcérale. La majorité d'entre elles (62 %) a été condamnée à une peine inférieure à 5 ans de réclusion. Nombreuses sont les condamnations liées à la consommation et au trafic de stupéfiants, et nombreuses sont encore les femmes purgeant une peine pour avoir agi en cas de légitime défense ou en défendent leurs enfants d'un conjoint violent.

Les femmes détenues représentent avant tout une population vulnérable. La criminalité féminine est intrinsèquement liée aux conséquences de la pauvreté, et au Canada la population autochtone y est surreprésentée (42 % des détenues, contre 4,9 % à l'échelle du pays). Comme l'explique Heather Mason, ancienne détenue et co-fondatrice de Cawsbar (Canadian Women Sex-Based Rights), dans un contexte de précarité socio-économique, les femmes victimes de violences risquent de tomber dans un engrenage de prostitution et de consommation et vente de stupéfiants. Ce schéma concerne 80 % des détenues, d'après les données qu'elle a collectées. En effet, une grande majorité de ces femmes ont été victimes de viols, d'agressions sexuelles (70 % des détenues) et de violences physiques (plus de 86 % d'entre elles) avant leur incarcération. Nombre d'entre elles ont été victimes de crimes plus graves que ceux qui les ont envoyées en prison. Savannah Gentile, alors directrice du plaidoyer de la Canadian Association of Elizabeth Fry Societies, témoignait en 2017 : « De nombreuses femmes m'ont confié qu'en prison, elles se sont senties en sécurité pour la première fois de leur vie. »

Or depuis 2016 et la loi C-16, le Service correctionnel canadien, lui aussi, est dans l'obligation de « répondre aux besoins fondés sur l'identité ou l'expression de genre, peu importe l'anatomie de la personne ».

Le premier détenu transgenre qui a obtenu d'être incarcéré dans une prison pour femmes sur simple déclaration d'identité trans, dès avril 2017, est Fallon Aubee, née Jean-Paul, ancien tueur à gage condamné en 2003. Aubee raconte avoir été harcelé et agressé par ses co-détenus masculins tout au long de sa détention. Il parle de son identité de genre en ces termes : « Quand je me réveille le matin, la première chose que je me dis est : “Quelle belle journée cela va être, je suis une femme.” Puis je me lève et je me rappelle que je suis dans une prison pour hommes et que mon calvaire ne s’arrêtera jamais. » Cette personne a vécu un enfer, les autorités carcérales devaient assurer sa sécurité. Cette problématique a été occultée par la question de son « identité de genre » qui, sincère ou non, a surtout permis à l’administration pénitentiaire de se dédouaner.

La prison est un lieu dangereux, et les autorités prévoient des dispositifs pour protéger les membres de gangs adverses, les « témoins protégés » ou autres détenus qui sont des cibles désignées pour d’autres. Fallon Aubee a surtout souffert d’un manquement et n’a pas été pris en charge par un quelconque dispositif, alors qu’il serait tout à fait possible de protéger les hommes trans-identifiés dans des quartiers spéciaux à l’intérieur des prisons pour hommes.

Le cas de John Boulachanis est tout aussi révélateur. Ce citoyen canadien est arrêté en Floride en 2011 après le meurtre prémédité d’un homme, une première arrestation pour trafic d’héroïne et une cavale de 13 ans à travers 3 pays, sous de multiples identités. Lors de son arrestation, Boulachanis est en possession d’une arme de poing chargée – qu’il détient « légalement » grâce à une fausse carte d’agent de sécurité de l’ONU – un faux passeport diplomatique, trois faux permis de conduire, et nombre de fausses cartes de crédit. Les faux documents foisonnent à son domicile, où une perquisition permet de découvrir plusieurs ordinateurs, armes à feux et une bibliothèque spécialisée dans le vol d'identité, la façon d'en créer une ou de vivre sans. L'homme a été arrêté grâce aux efforts conjoints du Canada et des États-Unis, qui le poursuivaient pour de nombreuses fraudes. En 2011, Boulachanis est incarcéré à perpétuité. En plus d'être un meurtrier et un as de la fraude, il a aussi gagné le surnom de « Houdini de la prison », après une évasion spectaculaire, même s'il a ensuite été rattrapé. Deux ans plus tard, des agents pénitentiaires ont trouvé des outils et une corde de plusieurs mètres dans sa cellule.

Criminel dangereux et extrêmement habile, son procès s'est tenu au Centre judiciaire Gouin, lieu hautement sécurisé construit spécialement pour les procès des gangs de motards qui se sont rendus célèbres au Québec au début des années 2000. Là, il est condamné à la prison à perpétuité. Or, nous sommes en 2016, année de la mise en application de la loi C-16. John Boulachanis indique au Service correctionnel du Canada (SCC) qu'il a une identité de femme, et en 2018 il obtient l'accord d'un médecin pour entamer une transition. Avant son opération, il prend les devants et demande son transfert à la prison pour femmes de Joliette. Il s'agit d'un cas de figure complètement différent de celui de Fallon Aubee. Boulachanis n'est pas en danger. Après son changement d'état civil, John devenu Jamie est placé dans une aile de la prison pour hommes avec des détenus qui ne sont pas violents, et bénéficie de traitements de faveur, comme une salle d'informatique pour lui seul.

Le Service correctionnel du Canada refuse d'abord la requête, car Boulachanis présente un risque d'évasion très élevé, et que la prison pour femmes de Joliette ne répond pas aux exigences de la situation. C'est alors que Jamie obtient son opération chirurgicale. Survient alors une situation absurde : Boulachanis est emmené dans une clinique de transition de genre, escorté comme doit l'être un criminel de ce niveau de dangerosité. Quand il entre dans la clinique, il est accompagné de 6 gardes armés. Quand il en sort, il est devenu une femme et c'est un autre protocole qui s'applique : les gardes ne sont plus que 3. John « Jamie » Boulachanis a aussitôt obtenu son transfert dans une prison pour femmes.

Les femmes commettent moins de violences entre elles et contre le personnel pénitentiaire. Les prisons pour femmes sont donc conçues différemment, avec de moindres exigences en matière de sécurité. Dans cette logique, en Suède, il n'existe pas d'établissement pénitentiaire pour femme de « catégorie 1 », la catégorie la plus sécurisée. Lorsque Kristoffer Johansson est incarcéré en mai 2013, il est placé dans un établissement comme celui-ci. Il est à juste titre considéré comme un criminel extrêmement dangereux : il a assassiné son ex-compagne, Vatchareeya Bangsua, en la poignardant. Il a ensuite découpé son corps et dispersé les morceaux aux alentours, notamment dans une forêt et une ferme abandonnée. Il a fait subir les mêmes horreurs à leur chien. Kristoffer Johansson a joué le rôle du conjoint éploré pendant que la police cherchait le corps. Il est par ailleurs passionné d'armes à feu. D'abord condamné à 14 ans de prison ferme, il fait appel et voit sa peine réduite à 10 ans. En 2018, il annonce sa transition de genre et se plaint de ne pas se sentir en sécurité dans sa prison pour hommes où il subit des insultes homophobes. Après un premier refus, il est transféré vers Hinseberg, la plus grande prison pour femmes de Suède – un établissement de catégorie 2. Ainsi, un meurtrier de femmes cumule les avantages d'être au milieu de potentielles victimes avec, en outre, un dispositif de sécurité moins contraignant.

Revenons au Canada avec le cas de Madilyn Matthew Harks. Selon ses propres aveux, ce citoyen de Colombie-Britannique a agressé sexuellement 60 petites filles, toutes âgées de moins de 8 ans, puis conservé leurs sous-vêtements ou autres « trophées ». Il choisissait ses jeunes proies dans son voisinage ou au sein de la paroisse qu'il fréquentait ; en gagnant la confiance des parents, il a pu commettre des agressions répétées sur chacune de ses victimes.

En 2014, Harks change de prénom et de style vestimentaire, et l'institution pénitentiaire considère que, en tant Madilyn Rebecca, puisqu'il est une femme, il ne présente plus de risque de récidive. Le programme qu'il suivait dans ce sens est annulé. En mars 2019, il se retrouve dans un centre de réhabilitation ouvert à Brampton, Ontario, parmi des femmes et leurs jeunes enfants, en face d'une école. Là, il agresse sexuellement deux codétenues qui ont une « apparence juvénile ». La croyance en l'identité de genre féminine de ce criminel fut la cause directe de deux agressions sexuelles sur des femmes vulnérables. Selon Keith Daniels, expert auprès du département de police sur la pédocriminalité : « Monsieur Harks est d'un des nombreux pédocriminels condamnés par la Justice qui ont décidé de changer d'identité de genre pour avoir un accès facilité à de futures victimes et ne pas être reconnus dans l'espace public. »

Depuis l'entrée en vigueur de la loi de 2016 au Canada, Heather Mason a recensé 58 cas d'hommes qui ont demandé un transfert vers une prison pour femmes. Parmi ces 58 détenus, 54 ont commis un crime violent (meurtres, viols, tentatives de meurtres et autres violences physiques et sexuelles contre des adultes ou enfants). Depuis le 1er janvier 2021, la Californie autorise elle aussi les transferts de détenus d'après leur « identité de genre » (Senate Bill 132). L'administration a enregistré 261 requêtes en à peine un an. En décembre de la même année, malgré le ralentissement dans les démarches dû au Covid, 41 détenus ont obtenu leur transfert, seuls 6 ont subi un refus, et les autres procédures sont en cours. À la prison pour femmes de Chowchilla, le personnel a prévenu : « Les mecs arrivent. »

Scott Weiner, sénateur démocrate à l'origine de cette loi, se cache derrière l'accusation de transphobie. Selon lui, remettre en cause cette disposition est transphobe. Il répète l'argument selon lequel il est faux d'affirmer que toutes les femmes trans sont des prédateurs sexuels – quoique personne n'ait dit une telle chose.

Un groupe de détenues californiennes a eu le courage de s'élever contre des agressions sexuelles et des viols commis par un codétenu qui s'exhibait et menaçait les femmes, et contre la « détresse psychologique exacerbée par le fait que la prison refuse de reconnaître que leur agresseur est un homme ». Soutenues par le Women's Liberation Front (WOLF), ces femmes ont déposé une plainte contre le Département des peines et réhabilitations de Californie. La directrice du WOLF, Mahri Irvine, cite le huitième amendement de la Constitution qui interdit « les peines cruelles ou inhabituelles ». Mahri Irvine parle de « violation des droits humains pour ces femmes qui se voient imposer des conditions de détention traumatisantes et terrifiantes ». Le Connecticut, le Massachussetts, le New-Jersey et l'Illinois ont par ailleurs adopté les mêmes dispositions que la Californie.

Le docteur James Barrett est un éminent psychiatre britannique, il dirige la Gender Identity Clinic de Londres et préside la British Association of Gender Identity Specialists. Pour lui, c'est clair : les criminels incarcérés dans des prisons pour hommes y trouvent leur intérêt. En plus du transfert dans un établissement pour femmes, ils tirent profit de l'idée – fausse – selon laquelle les hormones féminines rendent un criminel moins dangereux. Rappelons d'ailleurs qu'un criminel n'a nul besoin de prendre un traitement hormonal, il bénéficiera tout de même du préjugé selon lequel il est « une femme à l'intérieur » – une autre personne, plus douce.

Le Royaume-Uni a adopté les mêmes dispositions que le Canada en 2016. Selon un rapport du ministère de la Justice de 2019, la moitié des prisons d'Angleterre et du Pays de Galles abritent au moins un détenu transgenre. L'Irlande est elle aussi touchée par le phénomène, on peut citer le cas de Alejandro Gentile. Le jeune garçon grandit dans un contexte de violence extrême, son père maltraite sa mère devant lui et, à l'adolescence, le jeune homme subit des actes de torture innommables : son père le force à commettre des violences envers sa propre mère allant jusqu'au viol. Alejandro s'en prend de manière répétée à d'autres femmes, allant jusqu'à crever les yeux d'une travailleuse sociale, et élabore des plans pour tuer sa mère. En septembre 2020, le jeune homme, sur simple déclaration et rebaptisé « Barbie Kardashian », rejoint la prison pour femmes de Limerick.

Les autorités judiciaires croient-elles vraiment qu'Alejandro est en fait une femme qui s'appelle Barbie Kardashian ? Qu'il n'a pas choisi ce surnom ridicule par pur cynisme ou bien parce qu'il est atteint de troubles nécessitant des soins psychiatriques ? S'il est une nouvelle personne et que son passé criminel n'existe plus, alors pourquoi l'envoyer en prison ? Surtout, qui peut sérieusement mépriser les peurs et les accusations des femmes détenues, en les accusant de transphobie ?

L'Italie a ouvert une prison réservée aux personnes transgenres, à Pozzale près de Florence. En 2019, une aile réservée aux personnes trans s'est ouverte dans une prison des environs de Londres. En France, les personnes sont incarcérées en fonction de leur sexe biologique, mais lorsque la personne est vulnérable pour une raison ou une autre, elle est isolée dans le but de la protéger. Or, les militants pour les droits des trans ne revendiquent pas un traitement spécifique, leur but est que chaque homme soit considéré comme une femme sur simple déclaration. Le Royaume-Uni, la Suède, le Canada et une partie des États-Unis ont déjà cédé : il est entendu que la société entière doit se plier à leur « identité de genre » cachée, au mépris de la sécurité des femmes et des enfants.

VI

Qui finance le transactivisme ?

Un mouvement d'hommes

Le texte de référence de toutes les juridictions en faveur de la transition de genre date de 1995. Ce mouvement a conquis notre société à une vitesse fulgurante. Quel groupe opprimé peut se targuer d'avoir conquis l'université, l'éducation et d'être parvenu à influer sur les lois en moins de trente ans ? Aucun. Cette fulgurance s'explique par le fait que ce mouvement a fait siens les stéréotypes sexistes les plus rétrogrades, et nous avons vu sa dimension homo- et lesbophobe. Rien de révolutionnaire, au contraire. Si de nombreuses personnes qui se considèrent comme transgenres sont jeunes et vulnérables, le transgenrisme a été développé par une poignée d'hommes blancs issus des classes dominantes.

Sheila Jeffreys rappelle l'origine historique de la transition médicalisée[1]. D'un côté, des homosexuels malheureux comme Christine Jorgenson sont poussés vers la transition par des chirurgiens. De l'autre, on trouve aussi « la catégorie des hommes ouvertement hétérosexuels qui pratiquent le travestissement » : « C'est au sein de ce groupe qu'a émergé le terme de "transgenre", sans limite bien définie entre les hommes qui se travestissent et ceux qui entament une transition. » Entre 2 et 3 % des hommes ont déjà été sexuellement excités par l'idée ou le fait de porter des vêtements féminins. Il s'agit d'un fétiche sexuel qui, comme l'explique Janice Raymond, n'a rien d'une anomalie dans un contexte culturel qui valorise la réification et un morcellement du corps des femmes, notamment dans une visée érotique – c'est-à-dire une fétichisation sexuelle. Les femmes sont résumées à des parties de leur corps, ainsi le désir sexuel ne porte pas sur la personne, mais sur ses attributs. Le fétichisme est une sexualité déshumanisante. Notre culture assimile la sexualité masculine à la prédation des femmes, comme en témoigne la tolérance généralisée qui a longtemps prévalu – et qui continue, souvent, de prévaloir – envers les atteintes sexuelles commises par surprise, duperie, ou autres agressions et viols. Janice Raymond précise : « Pour le transsexuel masculin, le pénis est une "chose" dont il faut se débarrasser. Les attributs féminins, et tout particulièrement l'appareil génital, sont des "choses" qu'il faut acquérir[2]. » Elle cite les travaux de Marjorie Garber, professeure d'anglais à Harvard, qui montre que « le travestissement concerne avant tout des hommes de classes sociales supérieures et privilégiés. Il n'est pas perçu comme dégradant, au contraire. S'habiller en femme, voire s'affubler de prothèses imitant des seins et des hanches féminines est l'apanage des hautes sphères de l'entre-soi masculin. » L'appropriation du féminin, comme la possession de femmes en tant qu'épouses, prostituées et autres partenaires sexuelles, renforce le statut dominant de ces hommes.

L'AUTOGYNÉPHILIE

Le sexologue américano-canadien Ray Blanchard a consacré de nombreux travaux à l'autogynéphilie dès la fin des années 1980. Il fait une distinction entre deux types de transsexuels (comme les médecins les appelaient à l'époque) : les hommes homosexuels d'une part et, de l'autre, ceux qui éprouvent une excitation sexuelle à l'idée d'être une femme, qu'il appelle autogynéphiles. Ray Blanchard décrit l'autogynéphilie comme la « propension masculine à être attiré sexuellement par la pensée ou l'image de leur personne féminisée[3] ». Le sociologue britannique Richard Ekins décrit quant à lui des hommes qui atteignent l'orgasme en mettant des sous-vêtements et vêtements de femmes, « ou bien éprouvent du plaisir à sentir une bretelle de soutien-gorge jouer sur leur épaule lors des légers mouvements qu'ils font quand ils mangent ou boivent une tasse de café[4] ». Évidemment, comme l'écrit Janice Raymond, « cet exemple montre de façon limpide que le fantasme du travesti est à cent lieues de ce que ressentent les femmes » ; donc, qu'ils n'en sont pas. Interviewé par Sophie Davant, Olivier devenu Olivia Chaumont raconte avoir eu, après toute une vie d'homme hétérosexuel parfaitement accompli, un déclic lors d'une expérience sexuelle avec une femme. Devenu transgenre, il raconte ressentir de l'excitation lorsqu'il marche seul, la nuit, en portant des talons hauts[5]. Quelle femme serait excitée par sa propre mise en danger ? Ne serait-ce pas plutôt typiquement masculin et machiste d'être excité par la vulnérabilité d'une femme ? Janice Raymond poursuit : « Ekins a également documenté le fait que ces hommes accordent une grande importance à leurs apparitions publiques, et en particulier au fait d'entrer dans les toilettes des femmes pour susciter une réaction de leur part. » Réaction qui sera certainement de la gêne face au subterfuge, ou de la peur. Mettre les femmes mal à l'aise par de la dissonance cognitive et une menace voilée, voilà qui est un comportement typique d'homme misogyne et agresseur.

En 2005, la revue *International Journal of Transgenderism* consacre un numéro à Virginia Prince, « pionnier » du transgenrisme, qui a œuvré à faire d'une pratique de divertissement un véritable mouvement militant. Docteur en pharmacie, marié à deux reprises, Virginia Prince a vécu toute sa vie sous une apparence de femme. À douze ans, il a commencé à se travestir avec les vêtements de sa mère, puis à l'adolescence se faisait parfois passer en public pour une fille. En 1960, il lance le magazine *Transvestia*. Notons qu'il s'adresse aux travestis « sexuellement normaux » – comprendre : hétérosexuels. L'année suivante, il constitue un groupe de soutien pour les abonnés au magazine résidant à Los Angeles – un groupe interdit aux homosexuels.

Ce n'est qu'après son second divorce qu'il commence à « incarner » des femmes en public, élimine définitivement sa pilosité faciale par électrolyse et entame un traitement hormonal pour que ses seins prennent du volume. Dorénavant porte-parole de sa communauté, il revendique l'invention des termes « transgenrisme » et « transgenriste » pour désigner les hommes qui, comme lui, « mènent une vie de femme à temps plein ». En quelques décennies, les hommes pratiquant le travestissement ont changé leur paraphilie honteuse en « identité » qu'il faut respecter. Janice Raymond : « Ils se voient lavés de l'opprobre qui entoure les déviances sexuelles pour se voir attribuer une "essence féminine" auréolée de mystère. Ils forment dorénavant une minorité qui peut, la tête haute, revendiquer des droits. »

À l'exception notable de Reed Erickson, née Rita Alma, qui a fondé la Erickson Educational Foundation, les personnes qui ont lancé et financé le mouvement transactiviste sont des hommes trans-identifiés ou homosexuels. Si le mouvement recrute des personnes vulnérables et souvent discriminées, on peut douter du fait qu'il défende les intérêts des personnes les plus fragiles de la société.

Aujourd'hui encore, ce sont des hommes qui sont à la tête des associations transactivistes. Ils maintiennent leur domination sur les femmes, quand bien même ils se disent trans ou non binaires. Dans le podcast *Rebelles du genre*, épisode 32, Floriane témoigne en tant qu'ex-transactiviste. Lesbienne, elle a commencé à militer dans le milieu LGBT, puis elle s'est intéressée à d'autres luttes : féminisme, anti-racisme, défense des droits des animaux et s'engage pour les droits des personnes trans. « Je me basais uniquement sur les propos des concernés, qu'il faut croire sans remettre en question leur discours, mais cette logique ne vaut pas pour tout le monde. » Elle explique à présent que « les trans » forment « un groupe social artificiel » qui regroupe à la fois des hommes et des femmes, d'orientations sexuelles diverses. La jeune femme se souvient d'un milieu où l'on répète des mantras, où les questions sont interdites car taxées de « remises en question du vécu d'un opprimé par un oppresseur ». Comme le mentionne lors d'un entretien l'une des dirigeantes de l'organisation Pour les droits des femmes au Québec, Ghislaine Gendron, à propos de son pays, c'est une victimisation qui repose sur une culpabilisation abusive, et ce procédé fonctionne tout particulièrement auprès de jeunes femmes blanches à qui l'on a dit qu'elles étaient « responsables du racisme au Canada, responsables du génocide des peuples des Premières nations ».

L'ensemble du milieu militant woke, en Amérique du Nord comme en Europe, arrive à les convaincre du fait qu'en tant que Blanches de la classe moyenne, elles sont des oppresseuses. Floriane a ouvert les yeux sur le milieu transactiviste lorsque l'une de ses amies du groupe a été agressée par son petit-ami « non binaire ». Elle a bien sûr soutenu la victime, mais des hommes trans-identifiés ont fait pression pour qu'elle ne dénonce pas l'agression, celle-ci ayant été commise par une victime structurelle de la société. Floriane s'est rendu compte que le milieu transactiviste n'offrait aucun dépaysement : les violeurs bénéficient d'une solidarité masculine aux dépens de leurs victimes, et la manipulation émotionnelle des femmes n'y connaît aucune limite[6].

Le financement du transactivisme

Les filles et les femmes ont toujours subi des impératifs de beauté définis par les hommes, au mépris de leur santé voire de leur intégrité physique : pensons au calvaire des corsets que portaient les femmes des milieux bourgeois au XIXe siècle. Pour avoir la taille fine et donc être plus désirables aux yeux des hommes, elles devaient comprimer leurs organes, bloquer leur respiration voire déplacer ou briser leurs côtes (comme le *binder* le fait aujourd'hui). Jusqu'au milieu du XXe siècle, les petites filles chinoises de tous milieux avaient les os des pieds brisés et en Turquie, à notre époque, certains dirigeants politiques et religieux présentent l'excision comme une « opération esthétique ». Ces violences et mutilations sont des sources de revenus pour certains, mais ce n'est pas là leur objectif qui est bien plutôt de maintenir les femmes dans une position de subordination.

Depuis les années 1990, en revanche, des féministes comme Naomi Wolf[7] analysent le fait que les multinationales tirent un gigantesque profit des impératifs de beauté qui pèsent sur les jeunes filles et femmes. Maquillage, teinture pour les cheveux, épilateurs, crèmes amincissantes, crèmes anti-âge, chirurgie esthétique... Une poignée de capitalistes fait fortune sur notre incapacité – acquise – à aimer notre visage et notre corps tels qu'ils sont. Bien sûr, certaines femmes ne se sont jamais maquillées ou très peu, d'autres assument parfaitement une chevelure grisonnante. S'agissant des adolescentes d'aujourd'hui, il est possible de leur mettre en tête qu'elles « ne se conforment pas au genre », qu'elles sont donc « non-binaires » voire « transgenres ». À défaut d'acheter les derniers faux cils à la mode, elles seront embarquées dans une « communauté » que nombre d'entreprises ont identifiée comme cible marketing pour des produits spécifiques.

Les personnes transgenres échappent peut-être à leur « genre assigné », mais n'échappent certainement pas à la prédation capitaliste. En premier lieu, faire croire à une personne en bonne santé qu'elle a besoin d'un traitement médical profite aux laboratoires qui vendent les traitements hormonaux. La journaliste d'investigation Jennifer Bilek a fait un travail d'enquête remarquable, sur lequel je m'appuie ici, et dont elle fait part dans son blog *The 11th hour*.

Le Dr Ruben Hopwood est chercheur en psychologie et a effectué une longue carrière clinique auprès de patients transgenres. Il enseigne et exerce à Boston. D'après son expérience, plus de 75 % des personnes qui consultent à propos du genre prendront un traitement hormonal, qu'elles poursuivront le plus souvent jusqu'à la fin de leur vie. Selon la méthode employée (patch ou injection), les hommes trans-identifiés débourseront de 40 à 250 dollars (38 à 237 euros) par mois, et les femmes trans-identifiées débourseront entre 300 et 350 dollars (285 à 332 euros). Hopwood estime que ces traitements sont « très bon marché » (*sic*), quoiqu'ils doivent être pris à vie. Et mieux vaut faire commencer les acheteurs le plus tôt possible. À l'Hôpital pour enfants de Chicago, dont la clinique de genre a été entièrement mise sur pied par le milliardaire trans-identifié « Jennifer » Printzker, le pédiatre Dr Garofalo explique : « Les inhibiteurs de puberté coûtent environ 1 200 dollars par mois sous forme d'injections, et peuvent coûter de 4 500 à 18 000 dollars sous forme d'implant. » Le coût total de la transition d'un enfant de 10 à 16 ans est de 86 400 dollars (82 000 euros). Quand on sait que cet enfant a toutes les chances de passer à une prise d'hormones inversées pour encore de nombreuses années, et d'avoir recours à des opérations chirurgicales lourdes, on voit comment s'enclenche une logique de rentabilité.

La firme suédoise Ferring Pharmaceuticals, qui fournit des bloqueurs de puberté aux cliniques britanniques, n'est d'ailleurs pas étrangère à la conception du « protocole néerlandais ». La journaliste d'investigation du *Times* Janice Turner met en évidence que l'article qui, au nom d'une recherche menée par des scientifiques, recommande l'usage de bloqueurs de puberté, porte la mention suivante : « Les auteurs sont très reconnaissants envers Ferring Pharmaceuticals pour son soutien financier des études sur le traitement des adolescents souffrant de troubles de l'identité sexuelle. » Elle dénonce également les dons de cette entreprise, à hauteur de 1,4 million de livres, au Parti libéral-démocrate, ce qui explique l'agenda de ce parti, extrêmement favorable aux « droits des trans[8] ».

Aux États-Unis, de nombreux travaux de recherche en faveur de la transition médicale sont financés par l'Académie américaine de psychiatrie de l'enfant et de l'adolescent (American Academy of Child and Adolescent Psychiatry). Cette institution est elle-même largement subventionnée par Arbor et Pfizer. Arbor est une filiale d'Azurity Pharmaceuticals, une entreprise basée dans le Massachussetts qui produit et vend du Triptodur. Cette molécule résout la puberté précoce mais elle est également administrée comme bloqueur de puberté dans le cadre de transitions de genre d'enfants. La célèbre firme Pfizer commercialise quant à elle de la testostérone.

La psychologue californienne Diane Ehrensaft, en plus de son activité de clinicienne, enseigne auprès du département de pédiatrie de l'Université de San Francisco et publie des ouvrages à destination du grand public. Elle rémunère par ailleurs ses services auprès d'employeurs friands de « formations à la diversité ». De même que Stephen Rosenthal, pédo-endocrinologue de renom, et Johanna Olson, qui dirige le centre de santé pour jeunes transgenres de l'Hôpital pour enfants de Los Angeles, Diane Ehrensaft intervient dans de nombreux médias. Elle y affirme par exemple que « lorsqu'un bébé assigné garçon ouvre sa barboteuse de façon à ce qu'elle ressemble à une robe, il est en train de signifier qu'il est en réalité une fille ». Tous trois le rabâchent à longueur de conférences et d'émissions : l'administration de bloqueurs de puberté est un droit humain. Il se trouve que nos trois larrons appartiennent au comité consultatif d'AbbVie, fabricant des produits Androgel et Lupron, entre autres traitements hormonaux de substitution et agonistes de la GnRH.

Les laboratoires pharmaceutiques ont un intérêt évident à élargir leur base de consommateurs et consommatrices. Dans un pays où les conflits d'intérêts sont plus tolérés qu'en France, ces firmes rémunèrent des chercheurs qui publieront des articles en leur faveur dans des revues scientifiques, ou bien serviront simplement de prête-nom pour des articles écrits par d'autres. Rappelons que les traitements dont nous parlons n'ont passé aucun des tests préalables à leur mise sur le marché pour des gens de cet âge. Personne ne sait quels risques les médecins qui les prescrivent font prendre à leurs jeunes patientes. Les marchands d'hormones quant à eux, se sont frayé un chemin pour convaincre le grand public.

Toujours aux États-Unis, le groupe Conde Nast Publications possède 25 titres de presse, le réseau social Reddit et le groupe télévisuel Discovery Inc. Alors qu'en 2017, le conglomérat traverse des difficultés financières, il ouvre ses espaces publicitaires à des annonceurs du domaine de l'industrie pharmaceutique et passe à un chiffre d'affaires annuel de 2 milliards de dollars en 2021. On ne s'étonnera pas de lire des articles vantant la transition de genre dans des titres influents comme *The New Yorker*, *Wired*, *Glamour*, *Vanity Fair*, *Vogue*, *Teen Vogue* qui s'adressent aux adolescentes... Le groupe Hearst Communications quant à lui est une énorme machine qui génère

11,5 milliards de dollars annuels. Il est détenu par la famille Hearst, dont la fortune s'élève à 21 milliards. En 2014, le groupe lance la marque Hearst Health, fonds d'investissement dans le domaine de l'innovation en matière de santé. Par le truchement de cet autre groupe de presse, l'industrie pharmaceutique a une tribune dans *ELLE*, *Cosmopolitan*, *Men's Health*, *Women's Health*, *Seventeen* et l'on trouve même des articles transactivistes dans *Bicycling* et *Car and Driver* !

En Europe comme aux États-Unis, les médias vont dans le sens de la transition de genre et des « droits des trans », que ce soit le « droit » des médecins à modifier le corps de personnes mineures, ou le « droit » de certains hommes à être considérés comme les membres d'une catégorie opprimée. Toutefois il serait cynique et faux de dire que ces médias sont uniquement motivés par les subventions de leurs sponsors. De nombreuses chaînes et titres de presse adhèrent sincèrement au discours transgenriste, celui-ci entrant en résonance avec des idées désormais largement répandues. Les médias aiment bien l'idée d'une minorité qui a des revendications inoffensives : usage d'un pronom choisi et d'un nouveau prénom, changement d'état civil le plus rapide possible. Mathilde veut qu'on l'appelle Kami, cela la rend heureuse et c'est important pour elle : va pour Kami ! Il faudrait vraiment être mal embouché pour y trouver à redire.

Dans cette veine hyper-individualiste, le succès du film *Petite fille,* comme tous les récits de transition individuelle, est lié au fait qu'il a la même structure que les contes : le héros poursuit une quête d'une importance vitale. Aidé de quelques alliés, en l'occurrence sa famille et sa psychiatre, il doit affronter des forces adverses : la professeure de danse et l'institution scolaire. Il finira par triompher de ses ennemis, atteindre le but de sa quête, tout en accédant à la réalisation de lui-même – dans la tradition du récit initiatique. De nombreux parents se reconnaîtront dans la volonté de faire plier l'institution scolaire, vue comme forcément rétrograde et bornée pour qu'elle se rende à l'évidence que leur enfant est unique.

Outre le business des hormones, la transition de genre ouvre des débouchés commerciaux pour d'autres professions : les psychologues, psychiatres, chirurgiens plastiques évidemment, mais aussi les orthophonistes ainsi que les professionnels qui commercialisent des épilations au laser, des *binders*, du maquillage et du matériel d'« entretien de la vaginoplastie » pour femmes trans et autres biens de consommation destinés à visibiliser son identité.

Les enfants et adolescents instables sont la cible des entreprises pharmaceutiques, mais il faut voir que les « personnes transgenres » comptent aussi une minorité d'hommes adultes (même si trans-identifiés) extrêmement puissants. Contrairement à ce que laisse penser son *branding* de minorité opprimée, le mouvement transactiviste est loin d'être démuni. Le *Global Resources Report* a noté que le financement des organisations LGBT était d'un montant de 560 millions de dollars en 2018, avec une augmentation de 11 % depuis l'année précédente.

Jennifer Pritzker

« Jennifer » Pritzker, âgé désormais de plus de 70 ans, est le premier et unique milliardaire transgenre. Il est l'héritier du groupe Marmon, qui détient notamment les hôtels Hyatt, et appartient à une importante famille, basée à Chicago, qui compte pas moins de 11 milliardaires. Les grandes fortunes transgenres sont, de façon assez prévisible, des hommes trans-identifiés : Martine Rothblatt (avec une fortune estimée à 585 millions de dollars), les sœurs Lana et Lilly Wachowski, réalisateurs de la saga *Matrix* et de la série *Sense8* (250 millions), Caitlin Jenner (100 millions), l'actrice Laverne Cox et la chanteuse Laura Jane Grace.

Jennifer Pritzker a un profil surprenant. Il a toujours fui la visibilité et les médias, seul Vanity Fair a réussi à publier un long entretien de lui en 2019. Héritier d'une immense fortune, il a traversé de graves difficultés scolaires, a erré plusieurs années comme chauffeur routier ou simple vagabond, passé quelques mois en Israël dans un kibboutz puis un autre, avant d'entamer une carrière militaire dans laquelle « vos supérieurs se fichent bien de savoir de quelle famille vous venez, seul compte le mérite ». Passionné d'architecture et d'histoire militaire, il a remporté un prix de la Society of Architectural Historians pour sa restauration de nombreux bâtiments anciens de la région de Chicago. Après avoir quitté l'armée, il fonde en 2003 la Bibliothèque et musée militaire Pritzker, qui abrite une collection de 67 000 livres et objets anciens. Jennifer Pritzker dit de ce lieu qu'il a pour ambition « d'expliquer comment une démocratie entretient son armée. Notre pays dépense 700 milliards de dollars par an pour se défendre. En tant que citoyen, vous avez le droit et le devoir de comprendre à quoi sert cet argent. » Passionné par l'armée, le milliardaire a aussi un long passé de soutien financier du camp républicain, avec des « dons à six chiffres » pour la campagne de Trump, alors que le reste de sa famille est engagé du côté démocrate.

En 2013, Pritzker change d'identité de genre et devient Jennifer, or Donald Trump a interdit l'accès à une carrière dans l'armée pour les personnes transgenres. C'est le seul point de son programme qui chagrine l'ancien officier. Celui-ci se considère comme une femme dans la mesure où il « a un corps d'homme, mais il est attiré par les choses féminines, comme les vêtements de femme ». Il a passé des années à se travestir chez lui, mais était frustré de ne pas pouvoir sortir en robe : « Quand j'étais jeune, c'était illégal dans la plupart des endroits, et ne parlons pas de l'armée. » À présent, Jennifer est une star dans la haute société de Chicago[9]. En tant que P.-D.G. de l'entreprise de gestion immobilière Tawani, Jennifer Pritzker est à la tête de la fondation éponyme qui défend la transition de genre. Elle a notamment financé la Family Tree Clinic, clinique de transition de genre pour enfants et adultes à Minneapolis dans le Minnesota, elle-même liée à la MN Transgender Health Coalition. Cette organisation est dirigée par le dermatologue et entrepreneur Rox Anderson, qui a déposé une soixantaine de brevets, dont un pour un procédé d'épilation au laser[10]

– fréquemment demandé par les hommes qui veulent féminiser leur apparence.

Pritzker finance également la transition d'enfants à travers la clinique Ann et Robert H. Lurie de l'Hôpital pour enfants de Chicago. Son service « genre et développement sexuel » est dirigé par le Dr Rob Garofolo, fervent défenseur de « l'accès le plus vaste possible de nos services pour les enfants qui ne se conforment pas au genre et les jeunes transgenres[11] ». C'est dit : les garçons qui aiment les poupées et les filles qui jouent à la bagarre doivent être castrés.

Squadron Capital, dont Jennifer Pritzker est actionnaire, détient 70 % des parts de Structure Medical. Cette entreprise de technologie médicale de pointe fabrique et vend des implants de vertèbres et autres os humains pour traiter les problèmes musculo-squelettiques. Ces troubles, nous l'avons vu, sont justement fréquemment associés à la prise de bloqueurs de puberté.

On retrouve la Fondation Tawani parmi les sponsors des puissantes organisations militantes ACLU, Equality Illinois et GLAAD (LGBT Legal Advocates and Defenders). Son travail de lobbying va encore plus loin. En janvier 2016, la Fondation Tawani finance à hauteur de 2 millions de dollars la première chaire universitaire d'études transgenres de l'Université Victoria, en Colombie-Britannique (Canada). Ce programme universitaire assume sa finalité militante : « La Chaire ne se limite pas au financement d'universitaires, elle offre aussi des bourses à des membres de la communauté qui sont impliqués dans le transactivisme et l'éducation au genre[12]. » La Fondation a ensuite versé 6,5 millions de dollars pour créer le Program in Human Sexuality de l'Université du Minnesota, et a mis sur pied le premier cours d'« études trans » de l'Université de Toronto. L'idéologie du genre aura su s'acheter une crédibilité scientifique.

Jon Stryker et la Fondation Arcus

Originaire de Kalamazoo dans le Michigan, Jon Stryker est l'un des héritiers de l'entreprise d'équipement médical Stryker. Forbes estime sa fortune à 3,9 milliards de dollars. En 2000, il crée la Fondation Arcus qui accorde des fonds à des projets auxquels il est sensible : les droits des personnes LGBTQ et la préservation des grands singes. Jon Stryker est un homme homosexuel qui ressent une solidarité envers l'ensemble de cette communauté, les « LGBTQ », même si, comme nous l'avons vu, les homosexuels et lesbiennes d'un côté, et les partisans de la transition de genre de l'autre, peuvent avoir des intérêts antagonistes. Le pouvoir d'influence de ce milliardaire est considérable : en 2008, sa fondation a permis d'augmenter le financement global des organisations LGBT de 20 %[13].

Lorsqu'il présente sa structure au grand public, Stryker est très allusif quant au « T » de l'acronyme. Pour justifier la nécessité de défendre les droits de cette communauté, il cite le cas d'un jeune homosexuel qui risque la peine de mort dans son pays, l'Iran. Il ne dit pas qu'il a aussi œuvré à ce que l'Organisation mondiale de la santé modifie la définition de la dysphorie de genre en 2019[14], ce qui a pour effet de faciliter la transition hormono-chirurgicale de jeunes qui auraient probablement évolué et seraient devenus simplement homosexuels et lesbiennes.

Avec ses fonds, Jon Stryker obtient que des organisations aussi influentes que l'OMS ou l'American Psychological Association (APA) diffusent l'idéologie du transgenrisme. Il aura versé un total de 650 000 dollars à cette vaste association professionnelle, qui incite à présent les psychiatres, notamment via une « *task force* », à orienter leurs jeunes patientes vers des opérations de « réassignation de genre » le plus souvent inutiles[15]. En tant qu'actionnaire d'une entreprise de matériel médical, Stryker en tire directement profit.

La Fondation Arcus mène un travail de diffusion de cette idéologie auprès du grand public également, par le biais de financements de la National Public Radio ou encore de la GLAAD qui incite les médias à une plus grande représentation de personnes transgenres qui font l'apologie de la transition[16]. Assimiler les revendications des homosexuels et lesbiennes avec l'incitation à la transition de genre est un procédé courant. Personne ne peut décemment critiquer une organisation qui aide les homosexuels à trouver refuge dans un pays où ils seront en sécurité.

C'est la même confusion entre orientation sexuelle et « identité de genre » qui s'est manifestée avec le vote à l'Assemblée nationale, à l'unanimité, de la loi contre les « thérapies de conversion » en janvier 2022. Les actes de maltraitance et de torture qui visent à « rendre hétérosexuel » sont injustes et cruels. Or, personne ne demande ce qu'impliquerait la « conversion » de personnes transgenres. Le texte de loi prend pour axiome de base que certains jeunes sont trans, qu'ils sont seuls à détenir cette vérité sur eux-mêmes, et qu'il est impératif de les « accompagner dans leur parcours de transition ». Vouloir ajourner la prise d'hormones ou des mutilations sexuelles, ou encore proposer une psychothérapie pour s'assurer que la jeune personne est sûre de sa décision est à présent considéré dans la loi comme une violence transphobe.

On peut identifier les origines de cette rhétorique qui consiste à mettre en avant un sujet qui fait consensus et en y associant, mais sans en développer les enjeux, les enjeux propres à une certaine « communauté trans ». En octobre 2019 paraît le document *Only Adults ? Good Practices in Legal Gender Recognition for Youth*, qui est l'œuvre de Bentons, une gigantesque firme juridique présente dans 80 pays et de la Fondation Thomson Reuters, branche philanthropique d'un groupe canadien dédié à l'information financière qui diffuse aussi des informations généralistes. Comme d'autres, l'agence de presse adore les récits enthousiasmants de personnes trans qui enfin « deviennent qui elles sont » après avoir bravé les dangers. En mai 2022, elle publie : « Aux États-Unis, les législateurs de 16 États démocrates, à l'initiative de la Californie et de New York, ont accordé l'asile à des jeunes transgenres et leur famille qui ont été déplacés à cause des lois restrictives dans leur État d'origine. (...) C'est une réponse à une récente vague de lois et mesures qui interdisent les soins d'affirmation du genre pour les jeunes trans, dans des États conservateurs comme le Texas et l'Alabama. » L'objectif de Dentons et de la Fondation Thomson Reuters est d'appuyer des organisations à travers le monde qui pousseront leur pays à adopter la législation la plus favorable possible à la transition des mineurs. Parmi leurs « *Good Practices* », on lit : « L'obligation de l'accord parental peut poser des problèmes aux mineurs (...), les États devraient prévoir des procédures à l'encontre des parents qui s'opposent au développement de leur enfant trans en refusant de leur accorder l'autorisation requise. » Puis le document détaille des tactiques de lobbying pour atteindre ce but : « En Irlande, Danemark et Norvège, les changements législatifs liés à la reconnaissance légale du genre ont été adoptés en même temps que d'autres réformes plus populaires, comme la loi pour l'égalité devant le mariage. Cette tactique a permis favoriser la reconnaissance de l'identité de genre, en particulier en Irlande, où le mariage pour tous recevait un fort soutien, mais où il était difficile de convaincre le public au sujet de l'identité de genre[17]. »

Les activistes trans insistent sur la nature spontanée, « *grassrooted* » de leur mouvement, qui serait issu de la multitude de personnes qui enfin peuvent affirmer qui elles sont. Pourtant ce mouvement est soutenu et même construit par un ensemble d'individus et de firmes qui en tirent un bénéfice direct. L'organisation

« Itgetsbetter.org » présente aux adolescents des modèles de personnes trans qui « vont mieux » grâce à leur transition et a développé un service d'accompagnement psychologique « trans affirmatif » en ligne. Cette organisation est subventionnée par MeUndies, qui vend des sous-vêtements pour homme, Procter & Gamble, qui vend du matériel de rasage avec les marques Braun et Gillette – les jeunes filles deviennent des clientes à vie dès qu'elles commencent à prendre de la testostérone, et des entreprises de cosmétiques comme Tartes Cosmetics qui pourra vendre ses produits aux jeunes hommes « queers » ou « non binaires ». Parmi ses autres sponsors, l'entreprise biopharmaceutique Teva Pharmaceuticals y trouve aussi son compte, ainsi que TikTok Inc., lieu de refuge, de socialisation et de mise en scène de soi favori des moins de 15 ans.

Au-delà de TikTok qui appartient à une firme chinoise, la Silicon Valley est très friande de transgenrisme, et ce à plusieurs niveaux. Les adolescentes et adolescents deviennent vite accros à Instagram ou Tumblr, et plus ces jeunes entretiennent une dissociation entre leur corps et leur esprit, plus ils passeront de temps en ligne, et plus ils livreront d'informations personnelles sur eux qui pourront être exploitées par les GAFAM. Les moteurs de recherche et réseaux sociaux jouent un rôle prépondérant dans la diffusion de l'idéologie du genre, il leur est facile de diriger leurs utilisateurs et utilisatrices vers les contenus « trans affirmatifs ». *A contrario*, toute internaute qui publie des messages critiques de la notion d'identité de genre sur Twitter ou Facebook sait qu'elle peut être bannie à la minute et surtout, que les menaces dont elle pourra faire l'objet seront largement tolérées par ces plateformes. Pendant que Twitter tolère les pires insultes et campagnes de harcèlement misogynes des transactivistes, la féministe canadienne Megan Murphy, qui a créé le site et podcast *Feminist Current*, est interdite de compte pour avoir écrit « il » à propos d'un homme trans-identifié ; idem pour Kristina Harison, transgenre elle-même, pour avoir twitté que « sexe et genre sont deux choses différentes [18] ».

L'ingénieur devenu juge Phyllis Randolph Frye fait part d'un déclassement : « Quand mon *elle* est apparu au grand jour au milieu des années 1970, mes peurs se sont révélées fondées. La société me voyait comme une personne malsaine (*queer*), j'ai été maltraité [19]. » Pourtant, même trans-identifié, il reste un homme de pouvoir. De concert avec le milliardaire transgenre Martine Rothblatt et d'autres experts du droit, il lance l'International Conference on Transgender Law and Employment Policy qui se tiendra chaque année à Houston entre 1992 et 1997.

Dans ce cadre, Martine Rothblatt rédige ce qui deviendra l'*International Bill of Gender Rights*, adoptée le 17 juin 1995 dans la même ville. C'est le texte de référence sur lequel s'appuient les organisations transactivistes du monde entier pour leur lobbying en direction des législations de chaque pays. Ce document consacre le « droit de définir son identité de genre, indépendamment du sexe chromosomique, des organes génitaux, du sexe assigné à la naissance ou du rôle genré initial », ce qui implique le droit à « l'accès aux espaces et à la participation aux activités en vertu de l'identité de genre auto-définie », le « droit de changer de corps » et le « droit de ne pas recevoir de diagnostic ni de traitement psychiatrique[20] ».

Vers le transhumanisme

Martine Rothblatt est un personnage fascinant. Ce n'est pas un héritier : ses grands-parents ont émigré de Pologne et d'Ukraine au début du XXe siècle, ses parents étaient dentiste et orthophoniste et il a grandi dans une famille juive pratiquante, au cœur d'un quartier latino de Los Angeles.

Rothblatt fait des études de droit et de sciences des télécommunications. Alors qu'il n'est pas encore diplômé, il devient P.-D.G. de l'entreprise Geostar. En 1990, il crée WorldSpace, le premier réseau de radio satellitaire qui couvre l'ensemble du globe, et l'entreprise SiriusXM Radio, qui développe un nouveau type de communication satellitaire. C'est à présent la plus grande entreprise de divertissement audio en Amérique du Nord. Martin Rothblatt conçoit les télécommunications comme un moyen d'abolir les distances et de conquérir l'espace. Il partage alors avec le jeune Jeff Bezos un engouement pour l'œuvre du physicien Gerard O'Neill, qui a travaillé dans les années 1970 et 1980 à une future colonisation de l'espace. Rothblatt voit déjà très grand.

Malheureusement, en 1996 un drame personnel bouleverse le cours de sa vie : sa fille Jenesis, âgée de 7 ans, reçoit le diagnostic d'une maladie rare et incurable. Les médecins lui annoncent qu'il ne lui reste qu'environ deux années à vivre. Martine Rothblatt accomplit l'exploit de se former en biologie et en médecine à une vitesse record, au point de fonder une entreprise de biotechnologie médicale la même année : United Therapeutics, qui développe le traitement Orenitram. Sa fille est sauvée, elle est à l'heure actuelle en bonne santé. Plusieurs milliers d'autres personnes sont elles aussi en vie grâce à ce traitement. Au cours de son cursus accéléré, Martine Rothblatt s'est intéressé de près à la xénotransplantation, ou transplantation d'organes d'autres espèces animales sur des organismes humains. C'est le sujet de la thèse de doctorat qu'il soutient en 2001.

À la suite de ses travaux, en 2021, a eu lieu la première greffe sans rejet d'un rein de cochon sur un patient humain, après que le cochon a été génétiquement modifié. Cette technologie a été approuvée par la Food and Drugs Administration, ainsi que, l'année suivante, la transplantation d'un cœur de cochon sur un patient en phase terminale d'une maladie cardiaque. Le projet de United Therapeutics est de développer une forme d'élevage où des cochons sont génétiquement modifiés pour fournir des organes de rechange à des patients humains.

Martine Rothblatt veut franchir toutes les frontières. Par la communication satellitaire, il compte abolir les distances physiques tandis que les biotechnologies qu'il a créées bouleversent les frontières entre espèces animales. En 1995, il change d'identité de genre et cela n'est pas sans lien. Rothblatt a pour ambition un dépassement de la limite qui consiste à être soit un homme, soit une femme, et plus globalement de toutes les limites que nous impose notre corps. Sa relation avec sa conjointe depuis 1982 montre aussi clairement la volonté de dépassement de l'individualité et d'une dissolution de soi. Sur le plateau de CBS News, Martine et Bina Rothblatt parlent en terminant chacune la phrase de l'autre : « Martine et moi sommes une seule âme, ensemble, pour toujours. Nous nous appelons mutuellement Marbina. J'ai l'habitude de dire que nous sommes une âme dans deux corps[21]. » Lorsque Martin est devenu une femme, cela n'a pas posé un quelconque problème à Bina qui aime son conjoint « pour son âme ». Martine affirme que l'amour « transcende le genre » et qu'il transcende même « la forme ». Nous n'avons pas seulement affaire à un couple amoureux et idéaliste, Martine Rothblatt va extrêmement loin dans cette vision des choses, à savoir l'idée du « vrai moi » distinct d'une enveloppe charnelle dérisoire. C'est en vertu de cette conception que Martine Rothblatt défend l'idée d'une multitude d'identités de genre.

Rothblatt, qui est sans aucun doute un génie dans plusieurs disciplines : droit, ingénierie, médecine, entrepreneuriat, et qui a même gagné un prix de pilotage d'hélicoptère, tient des propos pour le moins ésotériques quand il s'agit des hommes et des femmes. Au moment de sa transition de genre, il publie *The Apartheid of Sex : Manifesto on the Freedom of Gender* (1995), où il affirme que la distinction entre hommes et femmes est aussi arbitraire que le régime d'Apartheid en Afrique du Sud, et qu'il faut plutôt prendre en compte une « identité sexuelle chromatique ». Le cyberespace doit être le lieu privilégié du « démantèlement des sexes », et joue, en effet, un grand rôle dans la construction d'une identité transgenre. Dans *From Transsexual to Transhumanist : A Manifesto on the Freedom of Form* (2011), Martine Rothblatt se réjouit de l'avènement d'un « cybersexe » qui permet une infinité d'identités sexuelles, et de la conception (et commercialisation) de dispositifs électroniques qui donneront à leur utilisateur les mêmes sensations que s'il était pris dans les bras de quelqu'un ou s'il avait des relations sexuelles. La technologie transcende la biologie en détruisant la dualité des sexes, la frontière entre espèces et même l'unicité de la personne humaine : « Après avoir redéfini la biologie en termes d'identité sexuelle, la technologie redéfinira la biologie en termes d'identité humaine. » Rothblatt veut aller au-delà de la « vision humano-centrée de la conscience ». Elle rappelle le fait que des firmes comme Facebook, Google et Amazon connaissent déjà tout de nos goûts et de notre vie psychique. Il est donc possible de fabriquer un « *mindfile* » qui serait une retranscription en code informatique de notre personnalité, et un programme qui, grâce à l'intelligence artificielle, reproduirait la personnalité de chacun de nous.

Dans son immense habileté, Martine Rothblatt présente le transhumanisme comme une évolution inéluctable : nous livrons déjà tous nos secrets à Facebook et Amazon et l'intelligence artificielle est déjà en train de brouiller la définition de la conscience. Il se dit inspiré par les films *Ex Machina* et *Her*, en clair il n'invente rien, et rappelle que chaque entreprise a pour ambition de surpasser Siri. Au fil du temps, comme en suivant une pente naturelle, la cyber-conscience sera un jour parmi nous. « Bientôt nous pourrons avoir un meilleur ami qui sera aussi nous-même, nous pourrons parler à nous-mêmes, et notre identité transcendera notre corps, et nous nous concevrons comme une identité qui transcende à la fois l'espace charnel (*flesh space*) et le cyber-espace. Les personnes plus âgées auront du mal à comprendre, elles diront : je ne veux pas parler à ton esprit, je veux te parler à toi, mais les jeunes diront : le clone de mon esprit est aussi moi[22]. »

Le transgenrisme n'est qu'une étape dans le transhumanisme et l'éclatement de la personne humaine avec non seulement une dissociation corps-esprit, mais aussi une démultiplication de l'identité individuelle de chacun. Avec le transhumanisme conçu comme la suite logique du transgenrisme, c'est la définition de l'être humain qui est mise à mal : selon Rothblatt, toute entité qui s'identifie comme un être humain doit être considérée comme un être humain, qu'importe qu'elle soit faite de chair et de sang ou de matériel électronique. D'ailleurs grâce à l'ectogenèse, on pourra fabriquer une personne en dehors de la fonction biologique humaine de la procréation (« hors d'un utérus »), et son cerveau vide sera rempli avec le « *mindfile* » d'une personne décédée.

Les firmes oligarchiques qui investissent dans l'intelligence artificielle, l'un des outils nécessaires à la création de l'« homme augmenté », sont aussi de grands soutiens du lobbying pour les droits des trans. Derrière la puissante Human Rights Campaign, on trouve Pfizer, le groupe Hyatt, détenu par Jennifer Priztker, mais aussi Google, Microsoft, Apple, Amazon, Raytheon Technologies et IBM. Dans une conférence TED mise en ligne en mai 2015, Martine Rothblatt explique que son amour pour sa conjointe Bina est resté intact après plus de 30 ans de vie à deux, qu'il grandit même avec le temps et que grâce à la technologie, il durera encore après la mort physique du couple[23]. C'est par le biais de ce récit d'un romantisme paroxystique qu'il nous présente son projet de téléchargement de l'esprit d'une personne dans un robot et affirme : « La mort est optionnelle. »

« La mort est optionnelle » fait partie de la devise du mouvement religieux que les époux Rothblatt ont fondé en 2004 : Terasem, « école de pensée transhumaniste ». Ses membres sont des personnes qui consacrent leur vie aux nouvelles technologies, et croient sincèrement que chaque problème peut être résolu grâce à elles. On compte parmi eux l'inventeur multi-primé Ray Kurzweil, directeur de l'ingénierie chez Google, ou le co-fondateur du laboratoire d'intelligence artificielle du MIT Marvin Minsky. Ces personnes sont par ailleurs animées par le sentiment universel d'angoisse face à la mort et par la douleur insurmontable d'avoir perdu une personne aimée. Linda Chamberlain, qui a co-fondé l'entreprise de cryogénisation Alcor Life Extension Foundation, rêve de se réveiller un jour auprès de son conjoint décédé. Le médecin Giulio Prisco espère retrouver sa mère. Larry Page, ancien directeur général de Google et 7e homme le plus riche du monde, a créé l'entreprise Calico (California Life Company), dont la mission est de « tuer la mort ». Calico travaille en partenariat avec AbbVie[24], que nous connaissons déjà : c'est le fabricant des « hormones de réassignation de genre » Androgel et Lupron.

Conclusion

Le « respect de l'identité de genre » n'est pas un progrès, ni pour l'individu concerné, ni pour la société. La notion même d'identité de genre ne sert qu'à essentialiser des stéréotypes et maintenir des personnes fragiles dans la confusion. C'est une invention qui n'a jamais permis de mettre en lumière le rapport de pouvoir réel et la violence réelle que les femmes, homosexuels et lesbiennes subissent depuis des millénaires, ni l'impunité des hommes qui les agressent.

La notion fallacieuse d'identité de genre et l'évolution de celle, fondée, de « dysphorie » a noyé les personnes qui ont réellement besoin d'une transition dans une catégorie qui peut inclure tout le monde. À présent, les personnes transgenres se rencontrent parmi les élus – on pense au secrétaire d'État à la Santé de Joe Biden –, à la une de magazines comme le *Times* – en tant que « femme de l'année » – ou le *National Geographic*. Les transactivistes ont changé les « homosexuels et lesbiennes » en « queer » et ont utilisé leurs structures et leurs mécènes pour faire avancer des revendications contraires aux intérêts des premiers. Nous avons vu qu'inciter à une transition de genre pouvait être comparé à une « thérapie de conversion » pour changer une personne « non conforme au genre féminin ou masculin », qui aime les personnes du même sexe, en une personne castrée, stérile, mais qui obéit aux normes de l'hétérosexualité. En somme, c'est en grande partie contre l'homosexualité qu'est dirigé le transactivisme. Nous avons vu que certaines jeunes filles en particulier, mettaient du temps, trop de temps, à reconnaître leur lesbianisme – ce qui a de graves conséquences concrètes, comme le fait de céder à des relations sexuelles non désirées. Cette difficulté, comme elles sont nombreuses à le dire elles-mêmes, vient notamment d'une absence de modèles, elles ne voient pas, ne lisent pas de femmes qu'elles savent lesbiennes. Il s'agit d'un effacement volontaire, comme de nombreuses femmes scientifiques ou écrivaines ont été effacées des livres d'histoire et ont sombré dans l'oubli. L'effacement des lesbiennes – par des hommes de pouvoir qui ne veulent pas que les jeunes filles osent ne pas aimer des hommes – se poursuit, sous couvert de progressisme cette fois, par des auteurs transactivistes.

Le site *LGBT Nation* a ainsi eu l'outrecuidance d'annoncer que Louisa May Alcott, écrivaine américaine parmi les plus célèbres de l'histoire, était un « homme trans ». L'autrice des *Quatre filles du Docteur March,* comme son alter ego Jo, se sentait tout simplement à l'étroit dans son rôle imposé de femme du milieu du XIXe siècle. Elle est par ailleurs, selon ses propres termes « tombée amoureuse d'une foule de jolies femmes, et d'absolument aucun homme ». Louisa May Alcott n'était pas un homme : c'était une lesbienne audacieuse [1].

Évidemment, à une époque où chaque sexe était enfermé dans une définition rigide, certaines femmes et hommes avaient l'impression de s'identifier à l'autre sexe, ou regrettaient de ne pas en faire partie. L'homosexualité impliquait souvent le travestissement. Dans *Gender Hurts*, Sheila Jeffrey cite l'historien John D'Emilio, spécialiste de l'histoire des homosexuels à l'Université de Chicago, qui regrette que leur culture passée soit à présent accaparée par une nouvelle « histoire transgenre ». Cette réécriture de l'histoire d'une population marginalisée rappelle fortement les procédés à l'œuvre dans les entreprises coloniales.

L'artiste et écrivaine noire et lesbienne Pippa Flemming consacre ainsi un article dans *The Economist* aux conséquences de l'effacement de l'identité lesbienne et en particulier lesbienne noire sous l'appellation « queer » qui reproduit le sempiternel effacement du rôle des femmes au profit des hommes [2]. Elle cite notamment Stormé DeLarverie, qui a donné le coup d'envoi des émeutes de Stonewall, à New York en 1969, événement capital dans l'émancipation des homosexuels et lesbiennes. Cette femme était une figure du mouvement Harlem Renaissance, et la seule lesbienne noire qui montait sur scène en tant que chanteuse drag king. Elle était aussi garde du corps, « défenseuse des lesbiennes de Greenwich Village ». Lesbienne, pas « *genderfluid* » au même titre que les hommes hétérosexuels qui se travestissent en femmes pour s'amuser.

Le « plafond de coton »

Comme l'explique Janice Raymond : « Parce que les transactivistes ont pour principale mission de défendre les droits des hommes qui s'identifient comme des femmes, une grande partie de ce mouvement a rejoint le mouvement plus vaste de la défense des droits des hommes. » Oui, ce mouvement existe, il est puissant, se dénomme lui-même « masculinisme » et travaille à détruire tous les acquis du féminisme. Et ses représentants n'appartiennent pas à la seule extrême droite[3].

Certains d'entre eux rejoignent les revendications des *incels*, abréviation de *« involuntary celibate »*. Ces hommes, qui se complaisent dans leur haine des femmes en se regroupant sur des forums en ligne, trouvent injuste que les femmes refusent de coucher avec eux. Ils pensent que l'accès à l'intimité des femmes est un dû, qu'ils ont droit au sexe comme on a droit à un avocat ou à l'accès aux soins. Ils font évidemment l'apologie du viol et d'autres actes de violence contre les femmes et les hommes qui ont « indûment accès » à elles. Parmi leurs adeptes, on se souvient de l'auteur de la tuerie de Plymouth de 2021[4] comme on se souvient, en 2018, du massacre commis par le « tueur puceau » contre la « sororité » qui rassemble les « filles les plus sexy » de son campus universitaire en Californie[5].

Quelle est la différence entre ces hommes qui sont persuadés que les femmes leur doivent du sexe et les hommes trans-identifiés qui s'échangent des stratégies pour gagner la confiance des jeunes lesbiennes ? À l'heure actuelle, les jeunes filles et femmes qui découvrent leur homosexualité n'ont d'autre lieu pour se rencontrer que le « milieu LGBT » où elles croiseront des « femmes trans » qui profiteront de leur inexpérience pour les accuser d'être « transphobes » ou

« fétichistes du vagin » si elles veulent tout simplement vivre leur lesbianisme. Nous connaissons le « plafond de verre », limite imposée aux femmes dans leur ascension professionnelle. Les transactivistes ont forgé la formule « plafond de coton » : la barrière qu'ils s'efforcent de briser, c'est l'accès aux lesbiennes.

Encourager et exploiter la dissociation des femmes

Après ce noyautage des luttes et communautés homosexuelles et lesbiennes, le transactivisme s'est rapidement attaqué au féminisme. Le féminisme n'est pas la lutte pour « l'égalité des genres », mais bien pour l'émancipation et l'autonomie des femmes. Si les femmes se sont émancipées d'un statut d'incubatrices et d'objets sexuels à la disposition du conjoint ou de tous les hommes, c'est grâce au féminisme. De nombreuses femmes et quelques hommes à travers l'histoire ont trouvé injuste qu'un être humain soit soumis à des traitements déshumanisants en raison de sa capacité à enfanter. Pour que le féminisme continue d'exister – et il est loin d'être devenu superflu – il faut que les femmes sachent qu'elles appartiennent à un groupe social discriminé en raison de leur sexe ; et qu'elles sont socialement dominées par un autre groupe social qui reconnaît très bien les siens – également en raison de leur sexe.

Dans le nouveau monde où chaque individu « s'identifie à un genre », « femme » n'est qu'une étiquette que chacun peut coller à sa veste. Il existe donc des « femmes à pénis », du moment qu'« elles » l'ont décidé ainsi. Le vocabulaire qui désigne les femmes – celles qui ont un corps de femme – a changé. Afin de ne pas contrarier les personnes trans-identifiées, de nombreuses organisations comme le Planning familial ou des livres d'éducation sexuelle pour enfants parlent de « personne menstruée », « personne à vulve », « porteuse d'utérus ». Les services obstétriques des hôpitaux britanniques parlent tous de « parent qui accouche » (*birthing parent*) et « allaitement au torse » (*chest feeding* au lieu de *breast feeding*) et les publicités pour tampons s'adressent désormais aux « personnes qui saignent » (*bleeding persons*).

Nous nous voyons obligés d'accepter un morcellement déshumanisant du corps des femmes, une distinction entre la personne et ses fonctions biologiques. Déshumanisation flagrante dans les propos de Johanna Olson-Kennedy, de l'Hôpital pour enfants de Los Angeles, qui ne semble pas très sensible à la notion d'intégrité du corps : « En cas de regret d'une ablation des seins, elles pourront toujours se faire implanter des prothèses. »

Cette séparation entre un moi abstrait et une enveloppe corporelle concrète est absolument fictive. Aucun être humain n'a une existence indépendante de son corps. Le cerveau est un organe et nos émotions sont le produit de sécrétions d'hormones. Qui peut se vanter d'être rigoureusement la même personne après deux nuits d'insomnie, pendant un excellent dîner en amoureux, ou encore la veille de ses règles ? Qui peut faire abstraction d'une intense douleur physique en se disant : « Ce n'est que mon corps » ? Personne. Notre corps, c'est nous. Chaque être humain se caractérise par l'unicité de la personne, constituée de l'ensemble de ses fonctions biologiques et cognitives. « Corps » et « esprit » sont deux mots qui désignent la même réalité. Il a été démontré que les violences psychologiques avaient des conséquences sur le corps et pouvaient entraîner une réduction de l'espérance de vie. Les atteintes à la dignité du corps, quant à elles, même si la douleur physique est absente, provoquent des dépressions, troubles anxieux ou dévalorisation de soi. Il est faux et déshumanisant de considérer les femmes comme « possédant un utérus » comme on possède un smartphone. Être une femme implique tout un champ d'expériences qui sont, entre autres, conditionnées par nos fonctions biologiques et ce champ d'expérience fait de nous qui nous sommes.

Cette problématique est détaillée dans *Et si le féminisme nous rendait heureuses*[6] *?* : le morcellement du corps, permis par la dissociation entre la réalité physique du corps et la conscience de soi, concerne en premier lieu les femmes. Bien plus que les hommes, les filles et les femmes sont réduites à leur apparence physique, observées et commentées à tout âge, et leur corps est trop souvent utilisé comme un objet : objet de plaisir pour les hommes ou machine reproductrice pour la société entière. Ces assauts réguliers entraînent une dissociation de fait dans la conscience de soi de nombreuses femmes, et cette réaction est encouragée car elle est utile : dissociées, les femmes cèdent bien plus facilement aux relations sexuelles non désirées ou à des grossesses subies. Nombre d'entre elles en sont venues à tolérer d'être appelées « personnes à vulve ».

La dissociation entre le corps et la conscience de soi est indispensable à la bonne marche non seulement du business de la transition de genre, mais aussi du business de l'infertilité. Nous avons vu que l'une des conséquences de la transition des jeunes était une stérilisation de fait. Aujourd'hui, seuls 10 % des jeunes transgenres aux États-Unis ont recours à des technologies de stockage de leurs ovules ou sperme. Ils sont freinés par le coût trop élevé de ces technologies. Des start-up sont donc apparues pour répondre à cette opportunité commerciale : Dadi propose par exemple de « stocker votre matériel génétique pour 9,99 dollars par mois, le prix d'un abonnement Netflix ». Les milliardaires qui financent le transgenrisme prévoient un excellent retour sur investissement dans le domaine de la procréation.

Ainsi Marc Benioff, P.-D.G. d'une société de *cloud computing*, gratifié par la présidente de la GLAAD du titre de « figure de proue des entreprises engagées en faveur des droits LGBT[7] », est l'un des investisseurs de la NaturaLife machine, qui facilite la création d'embryons génétiquement sélectionnés grâce à une intelligence artificielle[8] – aux côtés, entre autres, de Susan Wojcicki, directrice du marketing de Google.

Entre des jeunes femmes auxquelles on a retiré l'utérus et les ovaires, et des technologies toujours plus sophistiquées de production d'embryons de qualité, il manque un ingrédient dans la recette : où grandiront les fœtus ? Le marché de la « maternité de substitution », ou GPA, est déjà en pleine expansion. Elle s'est généralisée dans des pays où de nombreuses jeunes femmes sont vulnérables en raison de conflits armés, de déplacements forcés et d'une grande précarité économique : en Europe, la Géorgie et l'Ukraine louent des mères à une clientèle venue du monde entier.

En Amérique du Nord, les étudiantes, mères célibataires ou autres jeunes femmes pressées par la précarité économique sont recrutées par des agences qui leur proposent de devenir les « anges » de couples sans enfant. Dans une société où on voit les femmes comme des « porteuses d'utérus », la tolérance est forcément plus grande envers l'idée d'exploiter un espace vide dans son corps comme on met sa chambre en location sur Airbnb[9] – au mépris de la réalité physique et psychique de la maternité. Ces femmes sont prêtes à être inséminées et à mener une grossesse à terme contre plusieurs dizaines de milliers de dollars. Elles répondent à la demande de couples aisés qui sont apparemment persuadés que les femmes transportent sur elles un assemblage d'organes comme on transporte une gourde et un couteau suisse dans son sac. Quand on trouve normal que des médecins mutilent le corps de jeunes filles sans les avoir auparavant orientées vers la moindre psychothérapie, on conçoit les fonctions biologiques des femmes comme un outil de production comme un autre qui devrait être mis au service d'autrui. L'*International Bill of Gender Rights* de Martine Rothblatt mentionne explicitement le « droit pour les individus de concevoir et porter des enfants, d'adopter, d'élever, d'avoir la garde d'enfants[10] ». Que l'on soit homme ou femme, fertile ou non, apte à s'en occuper ou non, posséder un enfant devient un droit, et leur fabrication pour faire respecter ce droit, un business comme un autre.

Et le débat se tait. Il n'est pas normal de devoir accepter de nouvelles définitions, une nouvelle conception de l'humanité et du renouvellement des générations sans que la discussion soit autorisée. Ces nouvelles conceptions ont infusé dans nos sociétés sous l'impulsion d'une petite minorité d'hommes extrêmement riches et non grâce à un mouvement authentiquement formé de personnes victimes d'injustices.

Ce mouvement ne remet en cause aucune des injustices sociales qui animent le monde. Il ne fait que répéter des slogans individualistes, narcissiques, et ne mène à aucune réflexion sur l'organisation du pouvoir ou les moyens de rendre notre société plus juste. « Être soi », à supposer que la formule ait un sens, « respecter les pronoms », être « *genderfluid*, a-genre, non-binaire, queer, *storm-gender* » : ces revendications ne touchent pas à l'exploitation économique et sexuelle des femmes, n'apportent aucune réponse à l'homophobie et à la lesbophobie, ni à l'accumulation des richesses à laquelle se livre une poignée de milliardaires aux dépens du reste du monde. Bien au contraire. L'affirmation de l'individualité est ce qui bouleverse le moins l'ordre social, et c'est certainement pour cette raison que les multinationales et une partie des élites politiques sont si promptes à garantir « le respect de l'identité de genre ».

Notes

I. Quand le genre supprime le sexe et rend la science caduque

1. *Trans, uniques en leur genre*, diffusé le 6 octobre 2022 sur M6.
2. Dans son ouvrage *The Transgender Issue*, publié par Penguin en 2021.
3. De Sébastien Lifshitz, diffusé sur Arte en décembre 2020 puis sur Netflix en 2021 et de nouveau sur Arte en octobre 2022.
4. Dans *La Fabrique de l'enfant transgenre*, paru en 2022 aux Éditions de l'Observatoire.
5. Publié par les Éditions du Cherche-Midi en 2022.

II. Jeunes trans, la transition comme refuge

1. Les noms suivis d'un astérisque ont été modifiés.
2. Publié par Oneworld editions en 2021.
3. Dans sa thèse *The Transsexual Empire : The Making of The She-Male*, publiée en 1979 chez Beacon Press.
4. Lisa Littman, "Parent reports of adolescents and young adults perceived to show signs of a rapid onset of gender dysphoria", *ESPE Yearbook of Paediatric Endocrinology*, 16 août 2018.
5. « Les adolescents face au monde : le mal-être et la détresse s'amplifient », enquête Ipsos réalisée pour Notre avenir à tous et ESSEC Business School, Chaire innovation et santé, novembre 2022.
6. Dans les milieux transactivistes, le « *deadname* », ou « morinom » au Québec, est le prénom donné par les parents, avant la transition qui est interprétée comme une nouvelle naissance.
7. Jean M. Twenge, *iGen : Why Today's Super-Connected Kids Are Growing Up Less Rebellious, More Tolerant, Less Happy and Completely Unprepared for Adulthood and What That Means for the Rest of Us*, Atria Books, 2017.
8. Esther Arenas-Arroyo, et al., "High Speed Internet and the Widening Gender Gap in Adolescent Mental Health : Evidence from Hospital Records, *IZA Discussion Papers*, N° 15728, mai 2023.

9. Lisa LITTMAN, "Parent reports of adolescents and young adults perceived to show signs of a rapid onset of gender dysphoria", *ESPE Yearbook of Paediatric Endocrinology*, 16 août 2018.

10. Membre du Conseil scientifique de l'organisation Gender Health Query.

11. Abigail SHRIER, *Dommages irréversibles*, Éditions du Cherche-Midi, 2022.

12. « "Ce n'est pas du tout grave de changer de genre", l'appel de l'humoriste Océan après son coming-out trans », publié le 22 mai 2018 sur le site de *France Info*.

13. Caroline ELIACHEFF et Céline MASSON, *La Fabrique de l'enfant-transgenre*, Éditions de l'Observatoire, 2022.

14. Émilie DUBREUIL, « Je pensais que j'étais transgenre », *Radio Canada*, 13 mai 2019.

III. L'invention d'une minorité

1. Membres de l'organisation Gender Health Query qui rassemble des données médicales sur les transitions de genre chez les personnes mineures.

2. Michael BIGGS, "Suicide by Clinic-Referred Transgender Adolescents in the United Kingdom", *Archive of Sexual Behavior*, 5 janvier 2022.

3. Kenneth J. ZUCKER, "Adolescents with Gender Dysphoria : Reflections on Some Contemporary Clinical and Research Issues", *Archive of Sexual Behavior*, 18 juillet 2019.

4. "On Medical Interventions for Gender Dysphoria, Evidence review : Gonadotrophin releasing hormone analogues for children and adolescents with gender dysphoria", National Institute for Health and Care Excellence, octobre 2020.

5. Juliette HARAU, « La journée du souvenir trans', c'est quoi », *Têtu*, 20 novembre 2018.

6. Raphaël ZBINDEN, « L'Église anglicane veut célébrer des "baptêmes" de personnes transgenres », *Cath*, 13 décembre 2018.

V. Transition hormono-chirurgicale : enjeux éthiques et sanitaires

1. Selon des chiffres qui m'ont été communiqués par la CPAM.

2. « Rapport relatif à la santé et aux parcours de soins des personnes trans », remis en janvier 2022 à Olivier VÉRAN, alors ministre des Affaires

sociales et de la Santé, rédigé par le Dr Hervé Picard et Simon Jutant, alors responsable du plaidoyer de l'association Acceptess-T.

3. Émilie BROUZE, « Ce médecin a fait de Lyon la capitale française du changement de sexe », *Le Nouvel Obs*, 28 mai 2018.

4. Après la diffusion du documentaire *Trans, uniques en leur genre*, diffusé sur M6 le 9 octobre 2022.

5. Camille GIRARD, Podcast *Rebelles du genre*, épisode n° 62, « Axelle ».

6. Selon l'organisme public britannique NICE (*National Institute of Health and Care Excellence*), qui a publié en mars 2011 un état des lieux scientifique quant à l'efficacité des bloqueurs de puberté.

7. Voir le site web de ressources médicales *Gender Health Query*.

8. Dans le documentaire *Trans, uniques en leur genre* diffusé le 6 octobre 2022 sur M6 et en ligne sur YouTube.

9. Propos rapporté par Caroline Eliacheff et Céline Masson dans *La Fabrique de l'enfant transgenre*, Éditions de l'Observatoire, 2022.

10. Mario K. GEORGAKIS et al., "Surgical menopause in association with cognitive function and risk of dementia : A systematic review and meta-analysis", *Psychoneuroendocrinology*, août 2019.

11. Cecilie S. ULDBJERG et al., "Oophorectomy and rate of dementia : a prospective cohort study", *Menopause*, 1er mai 2022.

12. Yi-Chun CHET et al., "Risk assessment of dementia after hysterectomy : Analysis of 14-year data from the National Health Insurance Research Database in Taiwan", *Journal of the Chinese Medical Association*, avril 2020.

13. Fredrika GAUFFIN et al., "Guideline Regarding Hormonal Treatment of Minors with Gender Dysphoria at Tema Barn - Astrid Lindgren Children's Hospital (ALB)", septembre 2021.

14. Lucy BANNERMAN, « Calls to end transgender "experiment on children" », *The Times*, 8 avril 2019.

VI. PERSONNES TRANSGENRES ADULTES : L'UTILITÉ DE DIFFÉRENCIER HOMMES ET FEMMES

1. Emma N. NILTON et al., "Transgender Women in the Female Category of Sport : Perspectives on Testosterone Suppression and Performance Advantage", *Sports Medicine*, 8 décembre 2020.

2. Dans *Unsporting, How Trans Activism and Science Denial are Destroying Sport* de Linda BLADE et Barbara KAY, *Rebel News*, 2020.

3. Voir le site *Save Women's Sports*, rubrique « Ressources ».

4. Thomas GUSTAFSSON, “New study on changes in muscle mass and strength after gender-affirming treatment may have an impact on sports regulations”, *The Journal of Clinical Endocrinology and Metabolism*, décembre 2019.

5. « Sport : La nageuse chrétienne Riley Gaines évoque l’inégalité et la gêne durant une compétition avec Lia Thomas », *Évangéliques Point Info*, 29 juillet 2022.

6. Aurore LAVARIT-LABRÈRE « Prisons et détenus transgenres : “il faut reconnaître que ce sujet existe” », *Libération*, 6 juillet 2021.

7. Selon une enquête de 2019, non publiée, de la Direction de l’administration pénitentiaire (Dap).

VII. QUI FINANCE LE TRANSACTIVISME ?

1. *Gender hurts : a feminist analysis of the politics of transgenderism*, Routledge, 2014.

2. Janice RAYMOND, *The Transsexual Empire* : *The Making of the She-Male*, Beacon Press, 1979.

3. Ray BLANCHARD, “The classification and labeling of nonhomosexual gender dysphorias”, *Archive of Sexual Behavior*, août 1989.

4. Cité dans Janice RAYMOND, *The Transsexual Empire* : *The Making of the She-Male*, Beacon Press, 1979.

5. « Être transgenre au quotidien, la transformation d’Olivia Chaumont », émission *Mille et une vies* diffusée, le 6 janvier 2016 sur France 2.

6. Camille GIRARD, Podcast *Rebelles du genre*, épisode 32 « Floriane ».

7. Lire le très bon *Beauty Myth, quand la beauté fait mal* (Éditions First, 1990) ou encore *Beauté fatale* de Mona Chollet (La Découverte, 2012).

8. Janice TURNER, « Giving Puberty Blockers to “trans” children is a leap into the unknown », *The Times*, 21 février 2020.

9. James REGINATO, « One “Aw, Shit” Wipes Out a Thousand Attaboys : Why Billionaire GOP Donor Jennifer Pritzker Is Abandoning Trump After Coming Out as Trans », *Vanity Fair*, 13 juin 2019.

10. Scott KIRSNER, “The most important medical entrepreneur you’ve never heard of”, *Boston Globe*, 14 avril 2017.

11. “Follow the money : Trans billionaire makes new $1 million grant to Chicago pediatric transition clinic”, *4thWaveNow*, 11 juillet 2016.

12. Rose KAPLAN, “Jennifer Pritzker’s Foundation Gives $2 Million for Transgender Studies at Canadian University”, *Tabletmag*, 21 janvier 2016.

13. “Interview with Jon Stryker : A Journey to Inclusive Philanthropy”, sur le site de l’ONG Synergos.

14. "Supporting Trans Liberation and Justice Across the Globe", vidéo promotionnelle de la Fondation Arcus disponible sur le site Vimeo.

15. Jennifer BILEK, « Capturing the American Psychological Association : The Engineering of Human Sexual Evolution », *The 11th Hour*, 15 octobre 2022.

16. "Where We Are on TV : 2019-2020", rapport de l'association GLAAD publiée le 28 novembre 2019 sur le site de la Fondation Arcus.

17. James KIRKUP, "The Document that reveals the remarkable tactics of trans lobbyists", *The Spectator*, 2 décembre 2019.

18. Janice RAYMOND, *Doublethink : A Feminist Challenge to Transgenderism,* Spinifex, 2021.

19. John D'EMILIO et al., *Creating Change : Public Policy and Civil Rights*, St. Martins Press, 2000.

20. *International Bill of Gender Rights*, adoptée par la Conférence internationale sur les droits et les politiques en faveur de l'emploi des personnes transgenres (International Conference on Transgender Law and Employment Policy) le 17 juin 1995 à Houston, Texas.

21. "Transgender CEO who overcomes obstacles takes on limits of life", *CSB Mornings*, 24 septembre 2014.

22. Martine Rothblatt : "AI, Immortality and the Future of Selves", *SXSW Live 2015*, mis en ligne sur YouTube le 9 avril 2015.

23. "Martine Rothblatt : My daughter, my wife, our robot, and the quest for immortality", conférence TED mise en ligne sur YouTube le 18 mai 2015.

24. "AbbVie and Calico Announce Second Extension of Collaboration Focused on Aging and Age-Related Diseases", communiqué de presse publié sur le site de l'entreprise Calico le 27 juillet 2021.

CONCLUSION

1. Thomas PEYTON, « "Little Women" author Louisa May Alcott was a transgender man », *LGBTQ Nation*, 30 mai 2022.

2. Pippa FLEMMING, "The gender-identity movement undermines lesbians", *The Economist*, 3 juillet 2018.

3. Voir à ce sujet l'excellente synthèse *Contre le masculinisme, Guide d'auto-défense intellectuelle* du collectif *Stop Masculinisme*, paru en 2013 aux Éditions Bambule.

4. Charlie TYE, « Plongée dans le monde perverti des Incels, masculinistes frustrés et haineux », *The Conversation*, 22 août 2021.

5. « Elliot Rodger : How misogynist killer became 'incel hero' », *BBC News*, 28 avril 2018.

6. Par votre dévouée, paru en 2019 aux Éditions Dunod.

7. Marissa LANG, "Salesforce CEO Marc Benioff to be honored for LGBT advocacy", *SF Gate*, 26 juillet 2016.

8. Anna Louie SUSSMAN, "The promise and perils of the new fertility entrepreneurs", *The New Yorker*, 19 mai 2021.

9. Pour une vision complète de la location d'utérus et de la vente d'enfant sur commande, lire *Les Marchés de la maternité* dirigé par Martine SEGALEN et Nicole ATHÉA, Odile Jacob, 2021 et *Ventres à louer, une critique féministe de la GPA*, dirigé par Ana-Luana STOICEA-DERAM et Marie-Josèphe DEVILLERS, Éditions l'Echappée, 2022.

10. *International Bill of Gender Rights*, adoptée par la Conférence internationale sur les droits et les politiques en faveur de l'emploi des personnes transgenres (International Conference on Transgender Law and Employment Policy) le 17 juin 1995 à Houston, Texas.

Table des matières

Introduction 7

I. Quand le genre supprime le sexe et rend la science caduque 13
Un « vrai moi » distinct de la réalité du corps 16
Les racines intellectuelles du mouvement queer 18
S'imposer au lieu de convaincre 21
Identité de genre : l'apparition d'une notion 25
La multiplication du nombre de cas 27

II. Jeunes trans, la transition comme refuge 31
Le retour en force des stéréotypes sexistes 31
Et s'il s'agissait d'homosexualité ? 37
Et si l'autisme était en cause ? 46
Et si l'on parlait des violences sexuelles dans l'enfance ? 53
Une explosion de la dépression chez les jeunes, en particulier les jeunes filles 63
Se créer une identité dans un monde virtuel 65
Troubles dans la famille 67
Pourquoi 2010 a marqué un tournant 71
Influencés 75
Rupture avec le milieu familial 82
Quel est le rôle de l'Éducation nationale ? 85

III. L'invention d'une minorité 87
« La transition de genre est un remède au suicide » 88
« La transphobie tue » 94

IV. Transition hormono-chirurgicale : enjeux éthiques et sanitaires 103
Donner des bloqueurs de puberté à des « enfants transgenres » 109
Les risques sanitaires liés à la transition hormonale et chirurgicale 114
Un sain retour en arrière 121

V. Personnes transgenres adultes : l'utilité de différencier hommes et femmes 125
Respecter l'identité de genre dans le sport 125
La transition de genre réduit-elle les capacités physiques d'un sportif ? 129
Que veulent les athlètes transgenres ? 130
Un danger physique pour les athlètes féminines 134
Dans les lieux non-mixtes : toilettes, douches, vestiaires... 135
Deux conceptions du féminisme s'affrontent 138
Hommes trans-identifiés dans les vestiaires pour femmes, le cas du Royaume-Uni 140
Aux États-Unis, les réactions d'hommes lambda 144
L'accès aux prisons pour femmes 147

VI. Qui finance le transactivisme ? 159
Un mouvement d'hommes 159
L'autogynéphilie 161
Le financement du transactivisme 165
Jennifer Pritzker 172
Jon Stryker et la Fondation Arcus 175
Vers le transhumanisme 181

Conclusion 189
Le « plafond de coton » 191
Encourager et exploiter la dissociation des femmes 193

Notes 199

Composition : Le vent se lève...

Achevé d'imprimer en octobre 2023
sur les presses de La Nouvelle Imprimerie Laballery
58500 Clamecy (Nièvre)
N° d'impression : 310035
Dépôt légal : octobre 2023

Imprimé en France